Notion Para Principiantes

Notion
Para Principiantes

*Organiza tu vida personal,
escolar y laboral*

Por: Carlos Xuárez

Notion Para Principiantes

Organiza tu vida personal, escolar y laboral

Por: Carlos Xuárez

Tabla de Contenido

Capítulo 14
Como Usar Notion Si Eres Estudiante   *134*

Capítulo 15
Como Usar Notion Para Organizar Tu Trabajo   *143*

Apéndice

Notion Para Principiantes

Introducción

Organiza Tu Vida

¿Qué es Notion?

Notion es un nuevo sistema para recolectar, guardar y organizar información al mismo tiempo que la mantiene disponible para tu consulta y para compartir con tus colaboradores, ya sea por su interfaz web o sus aplicaciones móviles. Puedes pensar en Notion como un cuaderno digital, donde puedes tomar notas, publicar un blog, colectar recetas de cocina o guardar los apuntes de tus clases. Pero es mucho más que eso, ya que también puedes insertar imágenes, documentos, bases de datos, mapas, escribir código de programación, en fin, lo que se te ocurra. Su flexibilidad es sorprendente, podríamos decir que es tan conveniente y fácil de usar que puedes poner tu vida completa en Notion.

Seguramente hace poco tiempo te enteraste de la existencia de Notion y te interesó averiguar porqué hay tanto entusiasmo al respecto de esta nueva aplicación. En esencia, es debido a que rompe con los esquemas de otros sistemas de toma notas que han estado disponibles hasta ahora, como: Evernote, Google Keep, Notes iOS y es que, a diferencia de estas, que te ofrecen solo un lugar donde guardar tu información, con pocas opciones para organizar convenientemente dicha información, Notion te permite que lo que escribes en una página, tenga el formato definitivo para funcionar como documento completo. Para consultarlo, trabajar en el repetidamente o editarlo si es necesario. Te permite también mantener bases de datos en diferentes formatos con múltiples funcionalidades. Además de brindarte un eficiente sistema para compartir información, que te permite trabajar en un mismo documento con tu equipo, manteniéndote informado de los cambios realizados por otras personas. Mientras que su sistema de comentarios te da la posibilidad de dar y recibir retroalimentación sobre algún proyecto común. Por otra parte, te ofrece también la posibilidad de publicar páginas directamente a la web, para que te comuniques e interactúes con el mundo entero.

Notion es extremadamente versátil, lo puedes usar para administrar cualquier área de tu vida, personal o profesional. Te puede servir, por ejemplo, para: Mantener organizada toda la información de tus cursos escolares. Si quieres llevar un journal donde mantener tus ideas en privado o un blog para compartirlo con el mundo, Notion es la solución para ambos. Si quieres tener un lugar donde registrar el avance de tus proyectos, el tiempo que tomará cada fase y quien está a cargo de cada acción, Notion te será muy útil. Si quieres tener una base de datos donde guardar referencias para un proyecto de investigación, una lista de artículos que leer o una galería de imágenes artísticas, también lo puedes hacer en Notion. Buscas un lugar donde guardar todo lo que necesitas para planear tu boda. Notion. Cualquier proyecto grande o pequeño puedes organizarlo, adivinaste, ¡En Notion! De hecho, el borrador de este libro se escribió por completo en Notion.

Notion está disponible al momento de esta publicación en notion.so. Además, tiene aplicaciones específicas para MacOS, iOS/ iPadOS, Android. Hasta el momento, los idiomas en los que está disponible, son Ingles y coreano (¡Quién lo diría!) Sin embargo, Notion se está volviendo muy popular también en los países de habla hispana, razón en parte por la cual nació la idea de escribir esta guía de uso en español. A lo largo de este libro usaremos los nombres de los comandos de Notion como se escriben en inglés, usando negritas, para que no tengas problema en encontrarlos cuando estés dentro de la interfaz de Notion, a la vez que te daré la traducción al español, escrita en negritas cursivas, para que estés seguro de a que se refiere.

Este libro está estructurado de tal manera que puedas empezar a usar Notion de inmediato. Los primeros capítulos te permitirán tener una vista general de la interfaz de Notion y de los comandos necesarios para empezar a crear contenido. Conforme vayamos avanzando, veremos la manera de insertar imágenes, utilizar plantillas, importar documentos desde otras fuentes y darle forma a tus páginas, de tal manera que tengan la mejor presentación para cada tipo de aplicación que necesites. Revisaremos en detalle, como crear bases de datos y como personalizarlas, de tal manera que utilices el formato adecuado para cada tipo de información, ya sea una tabla, un calendario, un tablero, una galería de imágenes o incluso una línea de tiempo, la funcionalidad más recientemente incorporada a Notion.

En los últimos capítulos, te presento ideas de como usar Notion en diferentes áreas de tu vida diaria. El capítulo 13 habla de como puedes usarlo para organizar diferentes aspectos de tu vida personal. El capítulo 14 está dedicado a mostrarte maneras de aprovecharlo si eres estudiante y el último capítulo contiene ejemplos más complejos que te mostrarán como utilizar Notion en el ambiente laboral.

Confío que este libro te será muy útil para iniciar tu aprendizaje de Notion, espero que al entender su funcionamiento te motives a incorporarlo a tu lista de herramientas digitales. Verás que en muy poco de tiempo, estarás creando un sinnúmero de páginas, donde recolectar, guardar y organizar todos los aspectos de tu vida personal, escolar y laboral. Sin más preámbulo, comencemos la exploración de los aspectos básicos de Notion. ¡Adelante!

Capítulo 1

Conociendo Notion

Para comenzar, primero definiremos los elementos básicos de la interfaz de Notion. Cuando abres por primera vez tu cuenta, ingresas a lo que será tu *Espacio de Trabajo* (Workspace). Puedes pensar en el espacio de trabajo como en un cuaderno o libreta. Es el lugar que contiene todas tús páginas. Cuando creas una página nueva, esta se ubicará en tu espacio de trabajo y en el podrás crear todas las páginas que quieras. ¡No hay limite!

Tu espacio

Si vas a usar Notion de manera personal, un espacio de trabajo es todo lo que necesitas, ahí puedes crear múltiples áreas, dedicar una a tu negocio, otra a tu vida personal, etc. Además, puedes ir creando más secciones dentro de estas para abarcar todos los aspectos de tu vida que quieras organizar.

En algunos casos puede ser útil tener más de un espacio de trabajo, por ejemplo, si manejas dos negocios o si compartes información con distintos grupos de colaboradores, trabajando en proyectos diferentes. Pero estos se consideran espacios separados y no es fácil compartir información entre uno y otro. Tener más de un espacio de trabajo en la misma cuenta requiere de un plan de pago, en donde cada espacio de trabajo se cobra por separado. Más adelante revisaremos los diferentes planes de uso de Notion disponibles hasta el momento.

En este libro asumiremos que estas usando un plan gratuito y por lo tanto solo tienes un espacio de trabajo, que estás trabajando desde una computadora, ya sea Mac o PC y que estás utilizando la versión web de Notion en un navegador (Chrome, Safari, etc.), aunque haremos algunos comentarios ocasionales sobre las versiones móviles para puntos específicos. Ya que cabe mencionar que Notion se mantiene sincronizado en todos tus dispositivos.

Páginas

Como su nombre lo indica, las páginas son justamente eso, ¡páginas en blanco! En donde puedes agregar lo que tu quieras. Pueden contener texto, imágenes, bases de datos, videos, prácticamente cualquier elemento digital.

La versatilidad de una página en Notion es infinita, puedes crear una página tan sencilla, que contenga solo texto o tan compleja que contenga una portada, texto, fotos, mapas, videos, documentos, calendarios, tablas. ¡Todo en la misma página! A lo largo de este libro veremos la manera en que se agregan los diferentes elementos a la misma, para poder guardar la información que queremos en el formato adecuado. Puedes crear todas las páginas que necesites y cada una de estas puede tener a su vez más páginas anidadas y así sucesivamente. ¡Sin limites!

Bloques

Notion utiliza el concepto de bloques para crear el contenido de una página, de ahí su logotipo de un cubo o bloque. Los bloques en Notion son los diferentes elementos de   información que se van agregando a una página. Un bloque puede ser un encabezado, un párrafo de texto, una imagen, un video, una base de datos, una fórmula matemática o un mapa. Cualquier fragmento de información que agregues, cualquier párrafo de texto que escribas, se insertará como un bloque por separado automáticamente sin que tengas que hacer algo en especial. Cualquier objeto que copies y pegues en

Notion quedara incluido como un bloque separado de los demás. Lo que te permitirá manipularlo libremente, sin afectar el resto del contenido de la página. Esta es una de las características que hacen a Notion extremadamente versátil y poderoso.

Conforme avancemos iremos viendo las diferentes maneras de manipular los bloques. Un tipo especial de bloque son las bases de datos. Estas se consideran un solo bloque, pero contienen varios elementos modificables a su vez. Los capítulos 5, 6 y 7 están dedicados a entender el funcionamiento de las bases de datos en Notion. Ahí aprenderás la manera de organizar diferentes tipos de información y conocerás distintas maneras de visualizarla.

Estos son los tres elementos fundamentales que debes entender para navegar por Notion. El sistema es realmente sencillo de aprender y una vez que empieces a moverte dentro de él, te darás cuenta que la navegación y la creación de contenido es muy intuitiva. Una vez dicho lo anterior es momento de poner manos a la obra y entrar de lleno al mundo de Notion.

Ingresando a Notion

Para usar Notion, lo primero que tienes que hacer es obtener tu cuenta. Para lo cual tienes que visitar su sitio web notion.so , una vez ahí busca el enlace **Sign up** (*Registrarse*). El sistema te solicitará un correo electrónico para crear una cuenta. Te enviará un correo electrónico a la dirección de email que ingresaste, el cual contiene un enlace para que puedas acceder al sistema. Una vez dentro de tu nueva cuenta puedes agregar una clave de acceso desde el menú **Settings and Members** (*Configuración y Miembros*) > **My Account** (*Mi Cuenta*) > **Set a Password** (*Establecer Contraseña*). ¡Listo! Has creado tu cuenta.

La página de registro te brindará también la opción de crear tu cuenta de Notion usando una cuenta de Google o Apple. Estas opciones son más sencillas de usar ya que no tendrás que verificar tus datos, ni recordar nuevas contraseñas. Una vez que hayas elegido una forma de registrarte, podrás ingresar a tu espacio de Notion usando estas credenciales. ¡Muy Bien! ¡Ya eres parte de Notion!

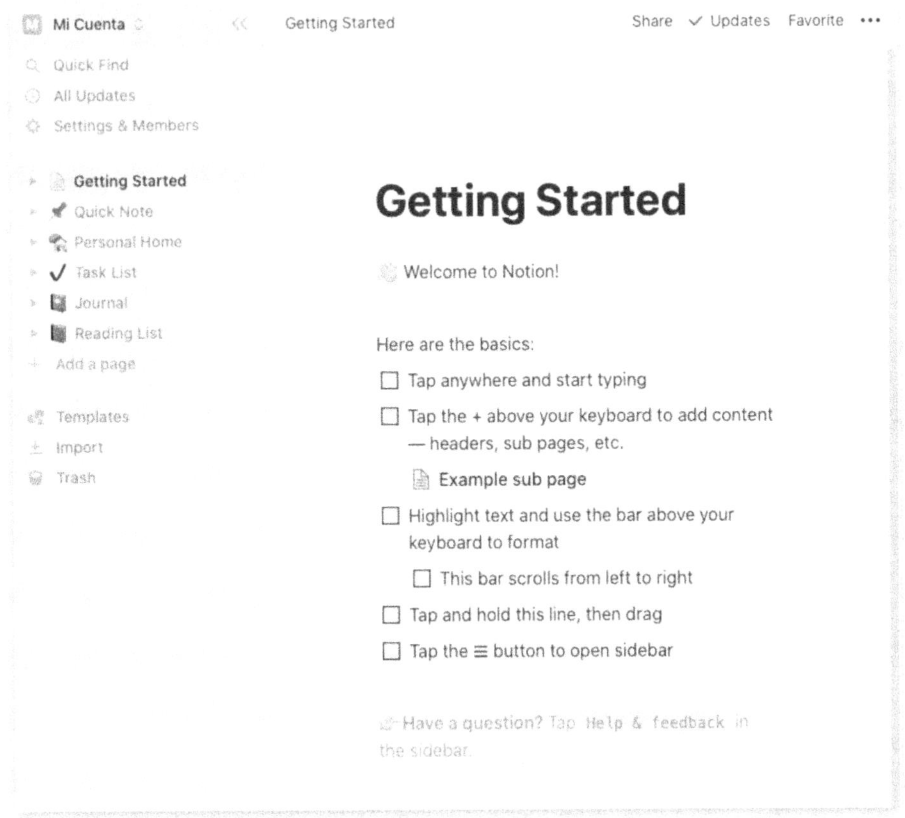

Figura 1.1: Página de bienvenida en Notion.

Como lo mencionamos previamente, Notion está disponible en la web, en aplicaciones específicas para Mac, iPhone/iPad y Android. En esta guía te mostraré capturas de pantalla de la versión web de Notion en el navegador Chrome, que es una opción que puedes usar en Mac y PC. Dicho lo anterior, ahora sí, veamos cómo movernos dentro de Notion.

El Directorio

Cuando ingresas por primera vez a Notion te encontrarás con una página de bienvenida similar a la mostrada en la Figura 1.1. En la parte superior encontrarás información relativa a la página en la que te encuentras. Del lado izquierdo, aparece el *Directorio*, que muestra tu ubicación dentro de Notion. El *Directorio* te indica en que página te encuentras en ese momento y si esta página está dentro de otra página y así sucesivamente. Si das clic en cualquiera de estas páginas, el *Directorio* te llevará a ella directamente. De inicio solo verás el nombre de la página **Getting Started** (Fig. 1.1) pero conforme vayas creando páginas y subpáginas dentro de tu espacio, este directorio crecerá y mostrará la ruta completa para llegar a cada página.

A la derecha, en la parte superior, verás los menús **Share** (*Compartir*), **Updates** (*Actualizaciones*), **Favorite** (*Favorito*) y *Tres Puntos (...)*, que abre una ventana para darle formato a la página. Revisaremos el contenido y las opciones de estos menús en las secciones subsecuentes.

La Barra Lateral

El elemento principal que debes de conocer para moverte dentro de Notion es la *Barra Lateral* (Fig. 1.2), esta contiene los menús principales y también te mostrará un listado de todas las páginas que existen en tu espacio de trabajo, como están distribuidas y te permitirá navegar por ellas o reorganizarlas según te convenga. ¡Veamos cómo funciona!

La *Barra Lateral* puede aparecer cuando la necesites y desaparecer después de que la uses, o bien, puede quedarse permanentemente abierta del lado izquierdo de tu pantalla si así lo deseas.

Para abrirla mueve tu cursor a la esquina superior izquierda sobre el ícono formado por tres líneas horizontales (≡). Da clic en él y la *Barra Lateral* aparecerá y quedará abierta hasta que la cierres nuevamente presionando la flecha (<<) que aparece en la esquina superior derecha al mover tu cursor dentro de la misma.

Si solo quieres usar la *Barra Lateral* brevemente, simplemente mueve tu cursor al extremo izquierdo de la ventana de tu navegador y una versión reducida de la *Barra Lateral* aparecerá de inmediato y desaparecerá una vez que hayas terminado de usarla.

En la *Barra Lateral* encontrarás:

- *Tu Cuenta (verás tu nombre de usuario en la parte superior):* Aquí verás la información de tu cuenta personal.

- **Quick Find** *(Búsqueda Rápida):* Como su nombre lo dice, te permite realizar una búsqueda de manera rápida. En el Capítulo 12, encontrarás una sección dedicada a cómo realizar búsquedas dentro de Notion.

- **All updates** (*Actualizaciones*): Muestra la lista de todas las páginas que se actualizaron recientemente. Especialmente útil cuando se trabaja en páginas compartidas con equipos de trabajo.

- *Opciones de configuración* (**Settings and Members**): Por ahora nos enfocaremos a la parte principal de la *Barra Lateral* para que puedas empezar de inmediato a moverte dentro de Notion. Encontrarás una explicación detallada de cada menú de configuración en el Apéndice, al final del libro.

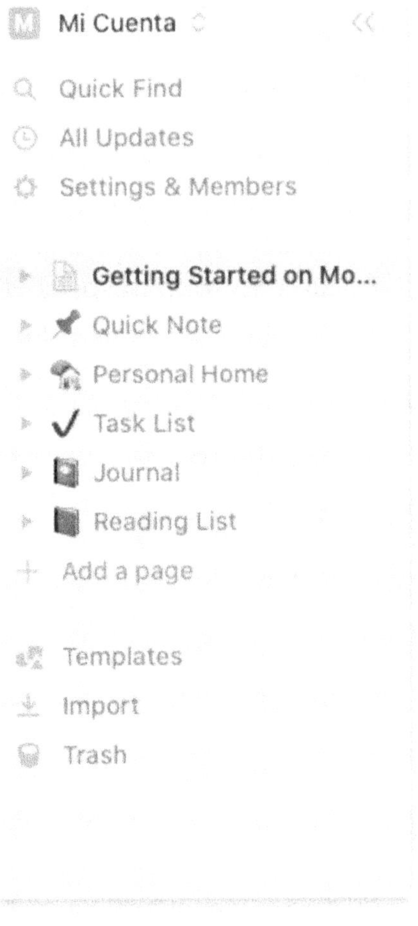

Figura 1.2: Barra Lateral

La *Barra Lateral* contiene una lista de todas las páginas que existen en tu cuenta, estas se encuentran divididas en diferentes secciones:

- **Worksapce** (*Espacio de Trabajo*): Si estás usando Notion con un equipo o compartiendo espacios de trabajo, aparecerá en la barra una sección llamada **Workspace** (*Espacio de Trabajo*). Ahí se ubicarán las páginas compartidas entre diferentes usuarios, ya sea que tú hayas compartido o qué otros lo hicieron contigo. Si no tienes páginas de este tipo, no verás esta sección.

- **Favorites (*Favoritos*):** Una sección más abajo, verás la lista de tus páginas favoritas, que se irán agregando conforme vayas creando algunas en tu espacio de trabajo y las marques como favoritas (presionando **Favorite** en la esquina superior derecha de la página). Si no tienes páginas favoritas no verás esta sección.
- **Private (*Privado*):** Después verás la lista de tus páginas personales, las encontrarás en una sección llamada **Private** *(Privada).* Aquí encontrarás todas las páginas que hayas creado dentro de Notion y que no han sido compartidas con nadie. Si no tienes páginas compartidas (**Workspace***)* o *Favoritas* (Favorites), esta será la única sección de páginas que verás en la *Barra Lateral*.

Dentro de la *Barra Lateral*, puedes realizar varias acciones con las páginas enlistadas:

- Puedes dar clic en el nombre para visitar dicha página directamente.
  - Puedes escoger una subpágina, dando clic en la pequeña flecha a la izquierda del nombre, para que se abra una lista con las diferentes páginas que contiene. Puedes desplegar estas flechas sucesivamente e ir abriendo subpáginas hasta encontrar la que quieras visitar.
- Puedes arrastrar páginas desde la interfaz principal hacia la *Barra Lateral* para acomodarlas en la sección que te convenga o colocarlas como una subpágina dentro de otra.

Al fondo de la *Barra Lateral* encontrarás algunas opciones más:

- *Plantillas* (**Templates**): Son formatos prediseñados para diferentes aplicaciones que puedes comenzar a utilizar de inmediato, como por ejemplo una página de blog, nota de clase, tablero de proyectos, etc. El Capítulo 8 está dedicado a este tema.
- *Importar* (**Import**): Una opción que te permite importar documentos de Word u otros formatos, para crear una nueva página automáticamente con el contenido del documento en la misma. En el Capítulo 10 veremos más al respecto.

- *Basurero* (Trash): El bote de basura, donde encontrarás las páginas y bloques eliminados recientemente, muy útil si quieres rescatar algo que borraste por equivocación. Cabe recordar que si borras algo puedes presionar *Ctrl+z* en PC o *Cmd+z* en Mac, para deshacer la acción y recuperar lo borrado.
- *Página Nueva* (+ New page): Al fondo de la **Barra Lateral** está la opción de **+New page** *(Página Nueva)*, la cual te permitirá crear una nueva página que se agregará a la sección de páginas privadas (**Private**) de la **Barra Lateral**. En la siguiente sección te mostraré, como crear páginas y cómo puedes agregar elementos a las mismas.

Estos son los elementos básicos de navegación y control que forman parte de la interfaz minimalista de Notion. Ahora que los conoces nos moveremos a la siguiente sección donde vamos a hablar de cómo crear una página y empezar a agregar contenido a la misma.

Capítulo 2

Creando Páginas

Después de revisar las principales partes de la interfaz de Notion y ahora que ya sabes   cuales son los instrumentos para navegar por sus páginas, es momento de poner manos a la obra. En este capítulo te mostraré como crear una nueva página en Notion y como se pueden agregar y modificar elementos a la misma, de manera que puedas comenzar a ingresar tu contenido. Empezaremos por cómo crear una página nueva.

Creando una página

Lo primero que tienes que hacer para crear una página, es presionar **+ New page** (**+ *Página nueva***) que se encuentra al fondo de la ***Barra Lateral***. Al hacerlo se abrirá una página en blanco como la mostrada en la Figura 2.1, con el cursor parpadeando en el espacio destinado para colocar el título, mostrando la palabra **Untitled** (***Sin título)***. Escribe el título de tu página en este espacio, puedes darle cualquier nombre. Notarás que después de hacerlo, este nombre aparecerá automáticamente en la ***Barra Lateral*** y en el ***Directorio.*** Puedes cambiar cuantas veces quieras el nombre y este se actualizará de inmediato, tanto en la ***Barra Lateral*** como el ***Directorio*** de la página.

Una vez que le diste nombre a tu página, nota que en el cuerpo de la misma aparecen, en gris, cuatro maneras de crear una nueva página:

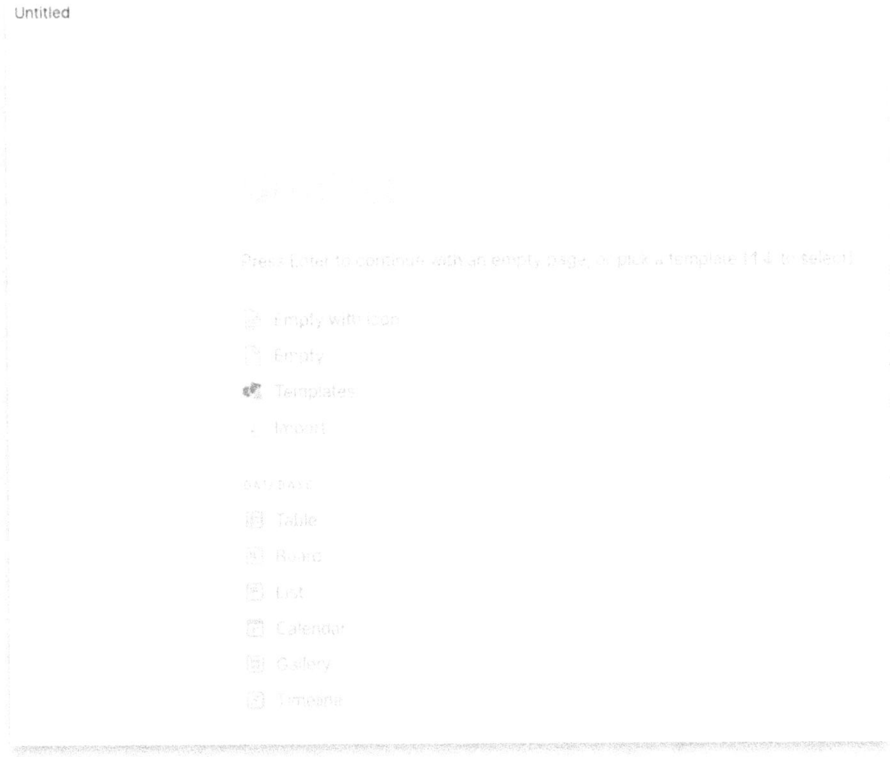

Figura 2.1: Página nueva en blanco.

Empty with icon *(Vacía con ícono)*, **Empty** *(Vacia)*, **Templates** *(Plantillas)* e **Import** *(Importar)*, las cuales describiremos a continuación.

Empty with Icon *(Página vacía con un ícono):* Esta opción te permite empezar con una página en blanco para agregar el contenido que gustes. Te da también la opción de agregar un ícono, para darle un poco de diseño y que sea más fácil identificarla. Al seleccionar esta opción verás que el menú de opciones en gris desaparece y solo queda la página en blanco con un ícono (en realidad es un emoji elegido al azar) encima del título. Puedes mantener ese ícono en tu página o si no te gusta puedes elegir otro.

Agregando un ícono a la página

Para cambiar el ícono elegido al azar, da clic sobre el mismo ícono, verás que se abre una ventana (Fig. 2.2) con varias opciones: **Emoji** (*Emoji*)**:** te da la opción de elegir otro ícono que te guste más, ya sea buscándolo por su nombre, en la barra con la lupa que dice **Filter** *(Filtrar),* o bien moviéndote hacia abajo por los grupos de emojis hasta que encuentres el que deseas. Verás que conforme vayas usando más iconos, los usados recientemente se irán mostrando bajo la barra de búsqueda.

También tienes la opción de agregar tus propias imágenes, para personalizar aún más tu página. Puedes subir el archivo directamente desde tu computadora, usando la opción *Subir una imagen* (**Upload image**), que te mostrará un botón para que puedas *seleccionar la imagen* deseada (**Choose an image**), o puedes también insertar el *Enlace*

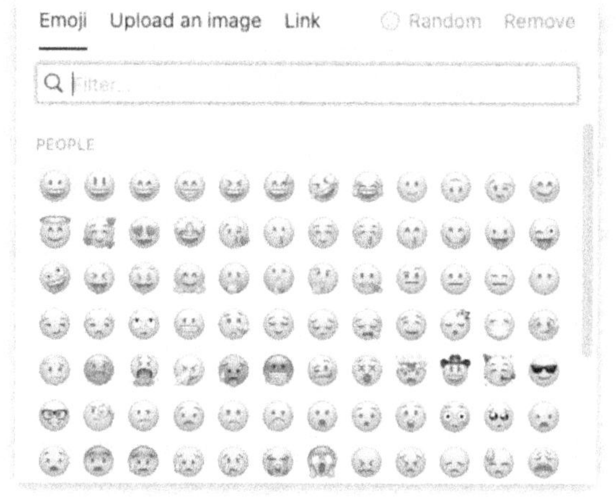

Figura 2.2: Menú de selección de íconos.

(**link**) de alguna imagen que tengas guardada en algún lugar de la red, tu Google Drive por ejemplo, solo pega dicho link en el espacio correspondiente y presiona el botón **Submit** *(Enviar)*. También te da la opción de elegir otro *Ícono al azar* (**Random**) o si prefieres no usar un ícono, simplemente da clic en *Eliminar* (**Remove**).

Página Vacía (**Empty**): Esta es la segunda manera de crear una página nueva, al escoger esta opción, obtendrás efectivamente una página vacía, sin ícono, que contiene solamente el título que acabas de agregar.

Sin embargo, en este caso también existen algunas opciones para agregar estilo, personalizar y darle contexto a la información que vas a agregar. Si mueves tu cursor por encima del título, verás que aparecen las opciones: **Add icon** *(Agregar Ícono),* que ya revisamos en el punto anterior y que puedes agregar en cualquier momento que lo desees. Aparece también la opción de agregar una imagen en la parte superior de la página, que en Notion se llama *Portada* (Cover) y que revisaremos a continuación.

Agregando una imagen de portada

Encontrarás la opción **Add cover** *(Agregar Portada)* si mueves tu cursor a lo largo de la parte superior de la página, por encima del título. Al hacer clic en ella, aparecerá una fotografía ocupando el espacio entre el *Directorio* y el título de la página. Esta imagen es seleccionada al azar por Notion, puede ser adecuada o no al tema de la página, por lo que al igual que con los iconos, puedes personalizarla. Simplemente mueve tu cursor encima de la imagen y aparecerán dos opciones **Change cover** *(Cambiar Portada)* y

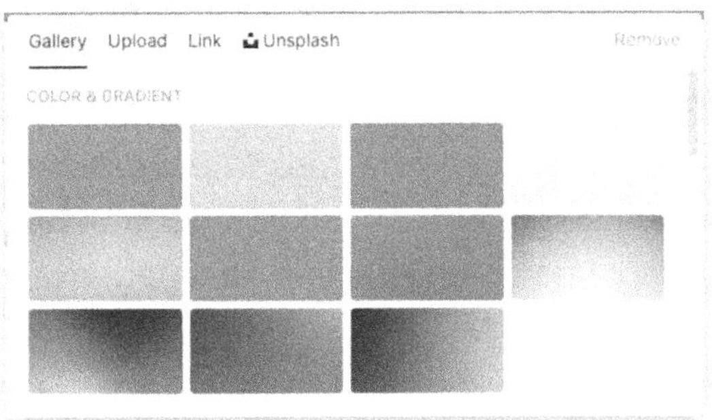

Figura 2.3: Menú de selección de portada desde la galería de imágenes (Gallery).

Reposition *(Recolocar).* Si presionas **Change cover** *(Cambiar Portada)* aparecerá una ventana con varias opciones.

Galería de imágenes (Gallery), donde podrás seleccionar entre una variedad de portadas en colores lisos o transiciones de color; así como entre hermosas imágenes del espacio provistas por la NASA y fotografías de colecciones de arte de prestigiados museos. Si te gusta alguna de ellas, solo selecciónala y de inmediato aparecerá como portada de tu página.

Si ninguna de estas fotos, va con el contenido de la página o tu personalidad, puedes subir la fotografía que desees, utilizando la opción **Upload** *(Subir)*, que te mostrará un botón para que puedas seleccionar la imagen deseada (**Choose an image**) **desde tu computadora.**

También puedes usar la opción de agregar un *enlace* (Link), en caso de que tengas una imagen en tu Google Drive o algún otro reservorio digital de imágenes. Puedes agregar cualquier tipo de enlace. Solo pega dicho link en el espacio correspondiente y presiona el botón **Submit** *(Enviar).*

Por último, y esta es una gran alternativa, puedes elegir agregar una imagen desde **Unsplash,** un sitio web (*unsplash.com*) que ofrece imágenes libres de derechos para usarlas en tus proyectos (Fig. 2.4). Al elegir esta opción, aparecerá una ventana con una barra de búsqueda y una galería de imágenes. Puedes elegir una imagen de la galería o mejor aún, puedes buscar una del tema que te interese. Puedes escoger entre una muy amplia variedad de imágenes de todo tipo. Te sugiero que uses la palabra correspondiente en inglés, ya que el catálogo en ese idioma es mucho más amplio que en español. Simplemente selecciona la imagen que te guste y esta aparecerá como portada.

Figura 2.4: Menú de selección de portada desde *Unsplash.*

Una vez seleccionada tu portada, puede suceder que la parte de la foto que te gusta quede fuera de foco en la página, no hay problema, para eso está el botón **Reposition** *(Recolocar).* Solo mueve tu cursor sobre la imagen para que aparezca el botón, presiónalo y verás que tu cursor se convierte en una flecha de cuatro puntas,

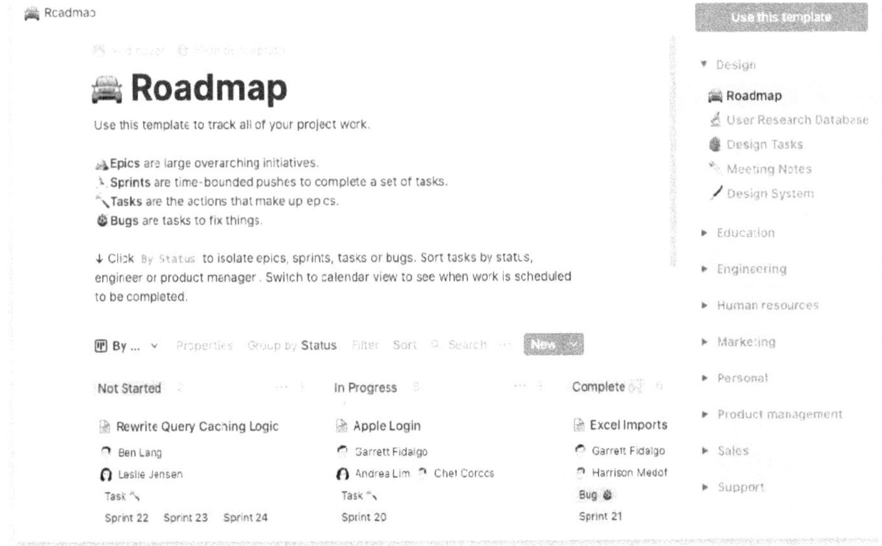

Figura 2.5: Ventana para agregar una plantilla (Template). El menú de selección aparece a la derecha.

aparece también la leyenda (**Drag image to reposition**), esto te indica que puedes *Arrastrar la imagen para recolocarla* y sea visible la parte deseada de la foto. Cuando estés contento con los ajustes, presiona el botón *Guardar posición* (Save position). Si quieres dejarla como estaba originalmente, presiona *Cancelar* (Cancel).

Agregando comentarios

Habrás notado que al mover tu cursor por encima del título aparece una opción más, la de *Agregar un comentario* (Add comment). Esta opción no es realmente de estilo de la página como las anteriores, sino que tiene un fin mucho más práctico. Te permitirá agregar un comentario en la página, ya sea un recordatorio para ti mismo o una indicación para alguien más con quien estés compartiendo la página, el cual una vez atendido, se elimina. Al seleccionar esta opción, aparecerá un pequeño campo de texto debajo del título con la indicación **Add comment**, ahí puedes escribir lo que quieras recordar o informar a alguien más. En el Capítulo 9, abundaremos al respecto de cómo usar comentarios efectivamente.

Usando plantillas

El tercer tipo de página que puedes agregar es *Usar una plantilla* (Templates). Si eliges esta opción se abrirá una ventana (Fig. 2.5) en la que verás del lado derecho una lista de plantillas o formatos preestablecidos de páginas, divididos en diferentes categorías, entre las que se encuentran: Educación, Personal, Ventas, entre otras. Si das clic en cualquiera de las plantillas, aparecerá una vista previa al lado izquierdo de la ventana, para que veas si te es de utilidad. Por mencionar algunos ejemplos: En la categoría **Personal**, puedes encontrar una plantilla de un Blog, con encabezados, iconos y fotos, listos para que lo modifiques y le agregues tu propio contenido. En la sección de *Ventas* (Sales) encontrarás el formato de una base de datos para llevar el *Registro de Clientes* (Sales CRM) y en la sección de *Educación* (Education) aparece un *Calendario de cursos* (Course schedule), donde podrás programar tus clases, tareas y proyectos, si eres estudiante.

En la parte inferior del menú hay un enlace que te llevará a la *Galería completa de plantillas* (Full template gallery), que es un depósito de formatos, creados y compartidos por la comunidad de Notion, para diversas aplicaciones. Es recomendable que le eches un vistazo, para que te des cuenta de la gran variedad de usos que puedes darle a Notion y puede ser que encuentres justo la plantilla que estabas buscando para tu proyecto.

Una vez que selecciones el formato que te interese, presiona el botón azul **Use this Template** *(Usar este formato),* en la parte superior de la ventana, para agregarlo a la página que recién creaste. El formato aparecerá ahora como contenido en la página. Una vez ahí puedes modificar todos y cada uno de los elementos: foto de portada, ícono, textos e imágenes. Puedes borrar, sustituir y copiar cualquier elemento, no hay ninguna restricción en cuanto a modificar las plantillas. El Capítulo 8 muestra algunos ejemplos de uso.

Importando documentos

La cuarta y última opción de crear una página es *importar* (Import). Como su nombre lo dice, esta opción te permitirá importar información desde otros documentos o aplicaciones a tu página de Notion. Al seleccionar este método, aparecerá una ventana con una serie de opciones, del lado izquierdo verás las opciones de importación desde otras aplicaciones. Puedes importar notas y demás información que tengas guardada en Evernote, Trello, Asana o Confluence.

Si tienes algún documento de texto puedes importarlo en formato de texto simple o texto con formato Markdown o HTML. También puedes usar datos guardados con formato CSV, (como pueden ser tablas de Excel guardadas en este formato) o si tienes documentos de Microsoft Word, Google Docs, Quip o Workflowy, también pueden ser importados directamente.

Supongamos que quieres importar un documento de Microsoft Word a tu nueva página en Notion. Selecciona *Importar* (Import) en la nueva página. Después da clic en la opción **Word**, esto te llevará a una ventana para que elijas el archivo deseado, secciónalo y al aceptar el contenido de tu documento se importará como contenido a la página de Notion. El formato de Microsoft Word se perderá, pero tendrás una página de Notion totalmente funcional con la información del documento. En el capítulo 10 veremos en detalle cómo importar desde documentos y otras aplicaciones.

En este capítulo hemos revisado las cuatro formas en que se puede crear una nueva página en Notion, Ya sea empezando desde una página vacía y agregando elementos de diseño para personalizarla, como son los iconos y las portadas. También vimos la manera de utilizar una plantilla previamente creada y terminamos con el proceso de importar información desde un documento externo. En la siguiente sección veremos cómo agregar elementos a una página vacía y como darles diferentes formatos para ajustarlos a tus preferencias.

Capítulo 3

Menús Básicos

asta ahora hemos visto la manera de crear páginas, ya sea vacías o a partir de plantillas y documentos, pero llegó el momento de ver cómo se agrega tu propia información a dichas páginas. En este capítulo vamos a ver cuáles son los menús necesarios que te permitirán crear contenido y darle diferentes formatos. Comenzaremos con bloques de texto y en los siguientes capítulos veremos otros tipos de datos. Te sugiero que mientras lees, vayas navegando por Notion, de tal manera que puedas, seguir los pasos que se van mencionado, visitar los distintos menús y probar los distintos comandos, para que empieces a familiarizarte con la interfaz.

Una vez que has creado una página vacía nueva, presionando **+New Page** *(+ Página nueva),* al fondo de la ***Barra Lateral***. Es momento de agregar contenido a la misma. Empezaremos por el principio. Escribe el título, llámala *Mi Página* y presiona *Enter.* Verás que el cursor se acomoda para que empieces a agregar contenido en lo que es todavía una página en blanco. Para comenzar, escribe algo, puede ser una palabra, una frase o un párrafo completo, presiona *Enter.* ¡Has creado un bloque de texto! En el caso de texto, cada vez que presionas *Enter* y continúas escribiendo, se crea un nuevo bloque, que puede ser modificado de manera individual con los menús correspondientes.

Existen dos menús muy importantes cuando se trata de crear y dar formato a un texto, el *Menú de Formato* y el *Menú Múltiple* ⠿. Los cuales se describen a continuación.

Menú de Formato

Al escribir con tu teclado, estas ingresando texto simple de la manera más sencilla, pero puedes darle un poco de estilo a la palabra o frase que acabas de escribir. Para esto invocaremos el *Menú de Formato* (Figura 3.1). Simplemente selecciona una frase o palabra de las que acabas de escribir y verás que encima de tu selección aparece el *Menú de Formato*. Este menú te ofrece la opción de convertir tu texto a **negritas** (B), *cursiva* (i), subrayarlo (U) o ~~tacharlo~~ (S), incluso tienes la opción de darle formato de código de programación usando los símbolos (<>).

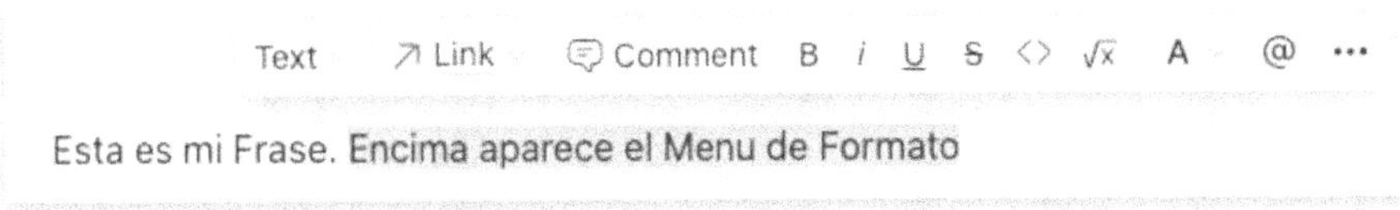

Figura 3.1: Menú de Formato.

También puedes modificar el color del texto o resaltar el texto, dándole un color al fondo, presiona el comando **A** se desplegará el menú correspondiente. Ahí verás dos secciones. En la parte alta está **Color (Color)** que cambia el color del texto y muestra las opciones disponibles (Fig. 3.2). Solo escoge el que desees y el texto se modificará (Fig. 3.3).

En la parte baja de la ventana se encuentra la opción **Background** *(Fondo)* que cambia el color del fondo del texto para resaltarlo. De igual manera, solo selecciona el color que prefieras de la lista mostrada (Fig. 3.2) y el fondo de tu texto se resaltará (Fig. 3.3).

Además de las opciones de formato de texto, este menú también te permite convertir las palabras seleccionadas en un enlace a una página web. Para hacerlo, solo presiona **Link** *(Enlazar)* y pega la dirección correspondiente en el campo de texto que aparecerá,

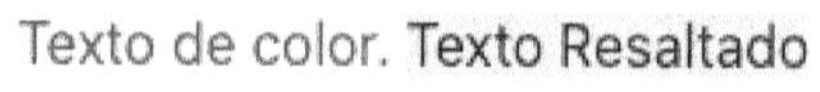

LAST USED

A Yellow   ⌘+Shift+H

COLOR

A Default

A Gray

A Brown

A Orange

A Yellow

A Green

A Blue

A Purple

A Pink

A Red

BACKGROUND

A Default background

A Gray background

A Brown background

A Orange background

A Yellow background

A Green background

Figura 3.2: Menú de
Color de texto.

Texto de color. Texto Resaltado

Figura 3.3: Texto y fondo resaltado
con color.

presiona **Link** *(Enlazar)* nuevamente para confirmar y listo. Si quieres borrar el enlace que creaste, vuelve a seleccionar las mismas palabras, presiona **Link** *(Enlazar)* y luego en el campo que aparecerá, presiona **Unlink** *(Desenlazar).* ¡Listo! ¡desapareció!

Por último, este menú también te ofrece la posibilidad de agregar comentarios sobre el texto seleccionado, presionando la opción **Comment** *(Comentario).* Lo cual es muy útil cuando compartes una página con un equipo de trabajo y deseas hacer una observación sobre un fragmento de texto en particular. Revisaremos el tema de comentarios a detalle en el Capítulo 9.

Menú Múltiple ⠿

Todo el poder y la versatilidad que tiene Notion para crear diferentes tipos de contenido está en el *Menú Múltiple* ⠿, el cual te permite modificar los diferentes bloques. Recuerda que por bloques en Notion nos referimos a todo lo que se agrega a una página: encabezados, texto, imágenes, etc. Este menú te permite cambiar bloques de texto, convirtiéndolos en diferentes tipos de contenido, para diferentes propósitos, como revisaremos a continuación.

Al mover el cursor sobre un bloque de texto, en la esquina superior izquierda del mismo aparece el ícono ⠿. Cuando lo presionas aparece el *Menú Múltiple* ⠿ (Fig. 3.4). Al hacer esto también se ilumina el fragmento de texto entero, indicando que se va a modificar todo el bloque.

En el *Menú Múltiple*⠿ (Fig. 3.4) encontrarás las siguientes opciones:

- **Delete** *(Borrar):* Borra el bloque.
- **Duplicate** *(Duplicar):* Hace una copia del bloque.
- **Move to** *(Mover a):* Envía el bloque a otra página.
- *Copy link (Copiar el enlace):* Copia un enlace que te llevará directamente hacia dicho bloque de la página.
- **Color** *(Color):* Desde aquí también podrás modificar el color del texto o resaltarlo, como se ha descrito previamente, el cambio se realizará en el bloque completo.

Figura 3.4: Menú Múltiple ⠿.

Tip: Si quieres cambiar el color de varios párrafos, selecciónalos juntos primero y luego cámbialos desde el *Menú Múltiple*⠿ en cualquiera de los párrafos seleccionados.

El *Menú Múltiple*⠿ incluye también las opciones Turn Into *(Convertir en)* y Turn into page *(Convertir en página)* (Fig. 3.4). Que te permiten convertir un tipo de bloque en otro. Esta funcionalidad es una de las capacidades más poderosas de Notion, ya que te permitirá crear diferentes tipos de contenido de una manera muy sencilla.

Turn Into *(Convertir en)* (Fig. 3.4). Al dar clic en este comando se abre el menú con las opciones que se muestran en la Figura 3.5 y que se describen a continuación:

Heading *(Encabezado):* Puedes convertir una palabra o frase en un *Encabezado* (Heading 1, 2 y 3) de diferente tamaño, 1 es el más grande. Muy útil para escribir títulos y subtítulos en las diferentes secciones de un documento.

Page *(Página):* Puedes convertir una palabra o frase en una nueva página. Solo selecciona la misma y elige esta opción. Se creará una nueva página. ¡Así de sencillo! Notarás que el texto en la página cambia, aparece subrayado y con el ícono de una página a la izquierda del mismo. La palabra o frase se ha convertido en un enlace. Al dar clic en él, te llevará a una página en blanco, que tiene por título el texto que modificaste.

Turn into page *(Convertir en página):* Este comando te permite convertir un texto en una página directamente desde el *Menú Múltiple* ⠿ (Fig. 3.4), selecciona esta opción y después **+Add as a sub-page (Agregar como subpágina).** Obtendrás el mismo resultado que con la opción **Page** *(Página)* previamente descrita.

Continuando con las opciones del menú **Turn Into** *(Convertir en)* (Fig. 3.5), tenemos:

To-do List *(Lista de Verificación):* Muy útil cuando estás haciendo una lista de acciones u objetos que quieres ir marcando como hechos. Puede tratarse de una lista de actividades diarias o una lista de compras. Cada palabra o frase se convertirá en un elemento de la lista y cada vez que presiones *Enter* aparecerá en el renglón inferior una nueva casilla para seguir agregando objetos a la lista.

Bulleted List *(Lista de Viñetas):* Te permite hacer lo mismo que

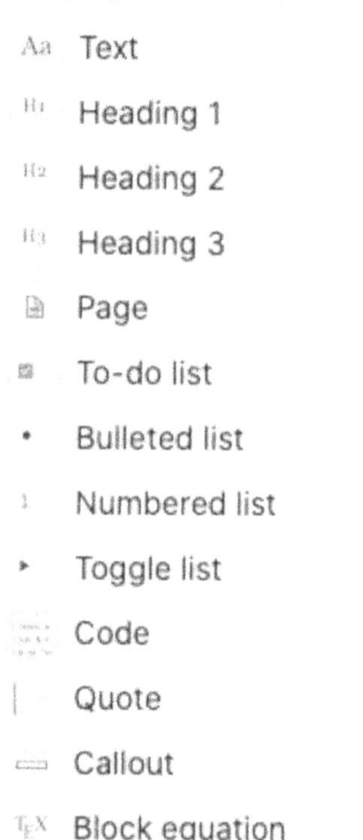

Figura 3.5: Menú Turn into *(Convertir en).*

la *Lista de Verificación* (To-Do List), pero agregará una *Viñeta* (Bullet) a cada párrafo u objeto de la lista.

Numbered List (Lista Numerada): Hará lo mismo que las dos opciones anteriores, pero agregando números a cada objeto de la lista.

Tip: Cuando estés creando alguna de estas Listas (*Verificación, Viñetas o Números*), puedes usar la tecla **tab** de tu teclado, para agregar subcategorías dentro de cada elemento fácilmente.

Quote *(Cita):* Convertirá el texto seleccionado en una cita o frase celebre, usando un tamaño de letra más grande con una línea vertical a un lado. Puedes usarlo para resaltar una frase dentro de tus páginas.

> Hace falta toda una vida para aprender a vivir.
> Séneca

Figura 3.6: Ejemplo de un bloque de *Cita* (Quote).

En una publicación tipo blog, por ejemplo, donde vas a compartir tu contenido. Puedes también, por supuesto, resaltar aún más la cita cambiando los colores como hemos visto anteriormente (Fig. 3.6).

Callout *(Llamada de Atención):* Te permitirá resaltar un párrafo completo, dándole un formato con el fondo a color y un ícono al inicio del mismo. Muy útil cuando quieres resaltar un caso especial en un escrito. Puedes modificar los colores del fondo y del texto (*Menú Múltiple* :: > Color) o el ícono utilizado (Dando clic sobre él y escogiendo otro desde el menú de iconos) (Fig. 3.7).

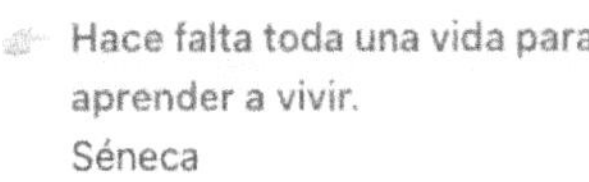

Figura 3.7: Ejemplo de un bloque de *Llamada de Atención* (Callout).

Code *(Código):* Te será útil si quieres convertir tu texto a un lenguaje de programación o quieres crear un bloque para insertar un fragmento de código. Notion incluso te permite seleccionar el lenguaje de programación que quieres usar para darle un formato específico al mismo.

Block Equation *(Ecuaciones):* Cuando quieres ingresar una fórmula matemática en tus documentos, utiliza esta opción. Notion acepta todas las fórmulas matemáticas ingresadas en los formatos Katex y Latex.

Toggle List *(Lista Plegable):* Una opción muy interesante que vale la pena comentar en detalle. Al seleccionarla verás que el formato de tu texto se modifica ligeramente y aparece una flecha al lado izquierdo. Al dar clic sobre la flecha, esta se abre y apunta hacia abajo mostrando un espacio vacío con la leyenda: *Empty toggle. Clic or drop blocks inside.* Esto

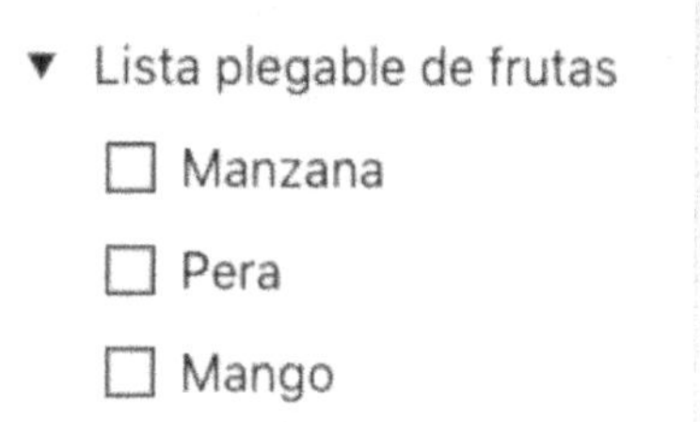

Figura 3.8: *Lista Plegable* (Toggle List) con casillas de verificación (To-do List) en su interior.

indica que puedes comenzar a escribir en este espacio o puedes arrastrar cualquier bloque que desees hacia este espacio. Para hacer esto, sujeta el bloque por el ícono del *Menú Múltiple* ⠿ correspondiente y arrastrarlo hacia la lista plegable. Una línea guía te indicara cuando estés dentro, ahí puedes soltarlo. Una vez que hayas agregado algún bloque de contenido, podrás ocultarlo o mostrarlo presionando la flecha a la izquierda de la lista.

Esta opción es muy útil cuando tienes un documento muy largo y quieres distribuirlo en secciones, pero no quieres ver todas al mismo tiempo. Cabe mencionar que los bloques que están dentro de la lista plegable también se pueden convertir en cualquier otro tipo de bloque, como: encabezados, listas numeradas o casillas de verificación (To-do List) (Fig. 3.8).

Cómo puedes ver, la posibilidad de modificar el formato de los bloques de texto te ayudará a crear una gran variedad de documentos para diferentes aplicaciones con una apariencia bastante atractiva, de una manera muy sencilla.

Comando Diagonal (/)

Existe otra manera de insertar diferentes tipos de bloques en una página de Notion. En lugar de utilizar el *Menú Múltiple* :: para convertir un texto ya escrito, puedes usar el *Comando Diagonal* (/).

Al empezar una nueva línea o párrafo, escribe la tecla diagonal (/). Te aparecerá un menú (Fig. 3.9) con las opciones que ya hemos explicado en el menú **Turn into** *(Convertir en).* Aquí puedes escoger si lo que escribirás será un encabezado, texto, lista, etc. Antes de empezar a escribir, puedes moverte a lo largo de las opciones, verás que la lista contiene además de los elementos de texto, varias opciones avanzadas para ingresar otros tipos de contenido.

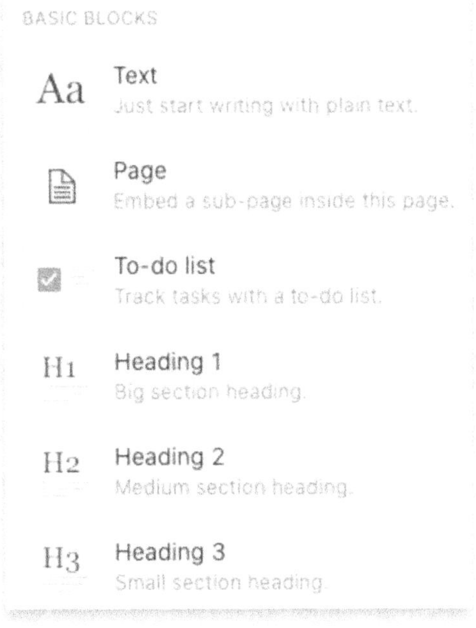

Figura 3.9: Menú de bloques a insertar, que aparece al usar el *Comando Diagonal* (/).

Al ingresar texto puedes usar cualquiera de las dos opciones; puedes escribir tu texto y luego convertirlo al formato deseado usando el *Menú Múltiple* :: o puedes iniciar con el **Comando Diagonal (/),** seleccionar el tipo de elemento que quieres agregar y luego escribir tu texto.

Menú Tres Puntos (...)

Para terminar esta sección revisaremos como dar formato a la página entera. Para esto se usa el menú de *Tres Puntos (...)* que se encuentra en la esquina superior derecha de cada página. Al presionarlo se abre un menú con varias secciones, la primera de estas contiene algunas opciones de formato, que se aplicarán a la página correspondiente.

Style *(Estilo).-* Aquí puedes cambiar el tipo de fuente que utiliza la página. Notion ofrece tres tipos de letra. La fuente usada por **Default,** es una fuente moderna de fácil lectura, "Sin patitas" (Sans Serif), recomendada para la mayoría de tus escritos. Puedes escoger también una opción más elegante o *adornada* (Serif), que te servirá para publicar algún texto que desees compartir con alguien más. Por último la opción *Mono Espacio* (Mono), te será útil si quieres escribir código de programación (o al menos darle esa apariencia). Puedes elegir la opción que mejor se ajuste a tu proyecto.

Figura 3.10: Opciones de formato de página en el Menú *Tres Puntos (...).*

Small Text *(Texto Pequeño).-* Te da la opción de utilizar un tamaño más pequeño de letra, lo cual puede ser útil en algunas ocasiones, por ejemplo, si quieres crear varias columnas de texto en una página. Simplemente activa esta opción cuando lo requieras.

Full Width *(Ancho Completo).-* Está opción te permitirá que el texto ocupe el ancho total de la página de tu navegador. Por default y para facilitar la lectura en monitores amplios, el texto se mantiene contenido hasta cierta distancia fija en el centro. Si activas esta opción el contenido de tu página se ajustará a todo lo ancho de la ventana de tu navegador, lo que es útil, por ejemplo, cuando tienes varias columnas.

Page Lock *(Seguro de Página)*.- Al activar esta opción no es posible editar la página. No podrás escribir, agregar contenido, ni borrarlo. Como su nombre lo dice es un seguro para evitar modificaciones accidentales a tu página.   En la

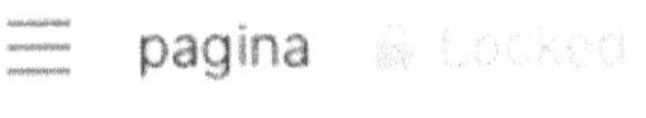

Figura 3.11: Página *asegurada* para prevenir edición accidental (Locked).

parte superior izquierda de la página, al lado del *Directorio*, aparecerá el ícono de un candado, con la palabra **Locked *(Asegurada)*** (Fig. 3.11). Cuando quieras volver a editar simplemente desactívalo y la página volverá a la normalidad.

Ya que tienes los principios básicos de cómo se agrega contenido a una página en Notion y de como se puede modificar su formato, para crear distintos tipos de documentos, es momento de poner este conocimiento en práctica y crear lo que será tu *Centro de Control*.

Capítulo 4

Diseñando Tu Espacio de Trabajo

Una de las maneras favoritas y más sencillas de navegar dentro de Notion es crear tu propia *Página de Inicio, Centro de Control, Home Page* o *Agenda del Día*. Llámala como quieras, es la misma gran idea. Se trata de una página que contiene enlaces a las diferentes secciones de tu espacio de trabajo. La idea es que esta sea la página donde inicies tu sesión diaria de trabajo en Notion, lo que te permitirá acceder rápidamente a la información necesaria, a la vez que mantienes en orden las diferentes áreas de tu espacio de trabajo. Esta página de inicio puede ser configurada totalmente a tu gusto y puede incluir además de los enlaces a otras páginas: imágenes, citas, calendarios, etc. Tus necesidades y tu imaginación son el limite.

Antes de comenzar con el diseño del *Centro de Control*, es importante mencionar la manera en la que está diseñado este y los capítulos subsecuentes. A partir de esta sección junto con las descripciones de los diferentes elementos de Notion, te voy proponiendo una serie de ejemplos para poner en práctica los diferentes temas mencionados. Mientras te voy mostrando los distintos menús y procedimientos, voy también sugiriendo un ejemplo de los mismos. Te invito a que los vayas siguiendo mientras lees cada capítulo, de tal manera que la lectura se vuelva más interactiva y que te familiarices con los comandos de Notion mucho más rápido. Ahora sí, ¡Manos a la obra!

Creando un Centro de Control

Para crear tu propia *página de inicio*, lo primero es crear una página usando el comando **+New** *(+Página Nueva)* ubicado al fondo de la **Barra Lateral**, como lo vimos en la sección anterior. Dale un título representativo. Aquí la llamaremos *Centro de Control*. Escoge un ícono que te guste, agrega una imagen de portada, como lo vimos en el Capítulo 2 y ¡Listo!

La manera más simple de agregar elementos a tu página es escribir el nombre de las diferentes secciones que quieres crear. Tómate un minuto para definir con que secciones quieres empezar. Se trata de crear secciones generales, que a su vez puedan contener otras secciones. Siempre podrás agregar nuevas páginas conforme vayas añadiendo más información al sistema. Por supuesto también podrás eliminar secciones, modificar el orden de las mismas, cambiar el diseño de la página y demás. Así que empieza con las secciones generales que parezcan obvias en este momento.

Figura 4.1: Ejemplo de *Centro de Control*.

Para mostrar un ejemplo concreto de como agregar elementos a tu Centro de Control, vamos a crear tres secciones principales. Llamaremos a estas secciones *Personal*, *Blog* y *Proyecto*. Queremos que cada sección aparezca como una columna diferente, de tal manera que se puedan agregar otros elementos debajo de ellas. Queremos obtener algo parecido a la Figura 4.1.

Escribe el nombre de la sección *Personal,* al inicio de tu página, presiona *Enter* para cambiar de renglón. Al hacer esto la siguiente palabra se crea como un nuevo bloque, que se puede modificar de manera independiente. Agrega ahí la segunda palabra, *Blog* y presiona *Enter* nuevamente. Repite una vez más con la tercera palabra, *Proyecto.*

Ahora crearemos las tres columnas en la parte superior de la página. Para esto arrastra la palabra *Blog* tomándola del ícono del **Menú Múltiple** :: y muévela hacia el lado derecho de la página, sin soltarla colócala a la altura de la primera palabra *Personal,* esta se iluminará para indicarte su ubicación, pero no sueltes *Blog* en el renglón iluminado, muévete hasta el extremo derecho a esa misma altura, hasta que veas una pequeña línea vertical azul, como la mostrada en la Fig. 4.2, este es el momento de soltarla. La palabra *Blog* se acomodará a la derecha de *Personal* formando una segunda columna. Esta es la manera de crear columnas en Notion. Repite el mismo procedimiento con la palabra *Proyecto* para crear la tercera columna. Debes obtener algo similar a la Figura 4.4.

Figura 4.2: Línea auxiliar azul que aparece al mover, de izquierda a derecha, el bloque *Proyecto,* para formar una nueva columna.

Las líneas azules te guiarán siempre, mostrándote donde se ubicará cada bloque al momento de soltarlo. Aparecen líneas horizontales arriba o abajo de cada elemento, indicando que puedes acomodar el bloque por encima o por debajo de dicho objeto. También aparecen líneas verticales tanto a la izquierda como a la derecha, indicando donde se formarán las columnas. Puedes crear cuantas columnas quieras de esta manera, pero toma en cuenta que se irán haciendo más delgadas cada vez. Si un bloque se ilumina por completo, como en el caso de una página, indica que puedes colocar otro bloque dentro de este. Esa es la manera en que puedes colocar una página dentro de otra.

Después da acomodar los encabezados de las secciones para formar las tres columnas. Vas a crear ahora algunas páginas que se ubicarán dentro de estas secciones. Colócate debajo de cada columna y agrega una lista de tres palabras a cada una de ellas , presiona *Enter* después de agregar cada palabra, para cambiar de renglón y crear así un bloque independiente con cada una de ellas (Figura 4.1). Estás palabras formarán las páginas correspondientes a cada sección.

Ahora convertiremos cada una de estas palabras en nuevas páginas. Para agilizar la tarea selecciona las doce palabras en las tres columnas con tu apuntador y usando el **Menú Múltiple** :: en cualquiera de ellas, selecciona **Turn into** *(Convertir en)* y después **Page *(Página)***, esto creará una página nueva a partir de cada palabra que escribiste. Al dar clic en cada una de ellas se abrirán como una nueva página y una vez ahí puedes agregar un ícono o portada. En este momento tendrás algo parecido a la Figura 4.1.

Ahora vamos a mover las páginas inferiores dentro de su sección correspondiente. selecciona las páginas *Meta 1, 2 y 3*, sujetándolas desde el símbolo del **Menú Múltiple** :: arrástralas dentro de la página *Personal*, verás que esta se ilumina por completo con un recuadro azul, cuando aparezca, suéltalas ahí. Al dar clic en *Personal*, verás que la lista de *Metas* aparece como contenido de la misma y desde ahí puedes visitar cada una de ellas. Esta es la manera en que puedes mover páginas dentro de otras para crear contenidos anidados. Y por supuesto puedes crear nuevas páginas directamente dentro de *Personal*. Repite este procedimiento con las columnas de

Blog y *Proyecto.* Tendrás tres secciones dentro de tu *Centro de Control* que contienen tres páginas cada una (Fig. 4.4).

Observa ahora que en la esquina superior izquierda el **Directorio** te muestra dónde se encuentra ubicada la página en la que estas trabajando en cada momento. Si estas en la página *Blog*, verás que dice *Centro de Control / Blog.* Si te mueves a la página de *Post 1,* el **Directorio** se irá actualizando según navegues (Fig. 4.3). Puedes regresar siempre al inicio dando clic en *Centro de Control* en el **Directorio**, sin importar en que página te encuentres.

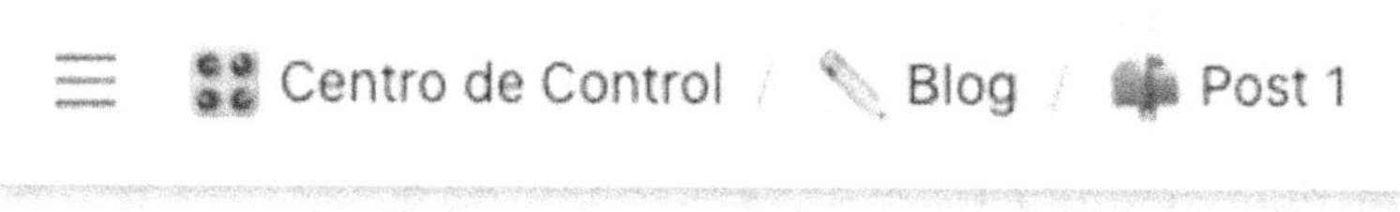

Figura 4.3: *Directorio,* indicando la ubicación de la página *Post 1.*

Insertando imágenes

Tu *Centro de Control* y cualquier otra página, puede aceptar mucho más que simplemente texto y enlaces a otras páginas. Para personalizarlo un poco y hacer que se vea más atractivo, vamos a insertar una imagen. Para esto, selecciona una imagen que tengas guardada en tu computadora y que quieras agregar a tu *Centro de Control.*

En la versión web de Notion existen dos formas muy sencillas de insertar una imagen. La primera es simplemente arrastrarla desde tu escritorio hacia el interior de tu página. Si mueves tu imagen por encima de la página antes de soltarla, verás que las líneas azules se mueven indicando las diferentes áreas donde puedes colocar tu foto. El control que tienes para ubicar la imagen justamente donde quieres, es exquisito. Coloca la imagen bajo las tres columnas (donde aparece la línea azul que abarca toda la página), al soltarla verás que la imagen empieza a cargarse y aparece finalmente como parte de tu página. (Fig. 4.4)

Figura 4.4: Imagen insertada en el *Centro de Control. (Foto: Carlos Xuárez)*

La segunda opción es ubicarte en algún punto de la página (después puedes re-acomodar), usando el comando diagonal (/), escribe: **/image** para que aparezca el menú de opciones, selecciona image *(imagen)*, aparecerá el menú que te permitirá escoger, ya sea: *insertar una imagen desde tu computadora* (**Upload**), *insertar un link* que la contenga (**Embed link**) o escoger una imagen de **Unsplash** (Fig. 4.5) , como ya lo hemos visto con la imagen de portada (Capítulo 2).

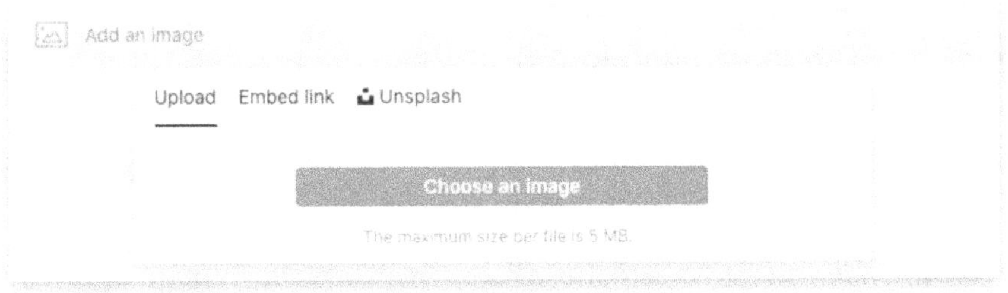

Figura 4.5: Menú para seleccionar la imagen a insertar (Upload).

Si tienes una imagen en tu página, pero no te gusta del todo como se insertó. Puedes hacer algunos ajustes todavía. Observa que al mover tu apuntador sobre la imagen aparecen algunos elementos que te ayudarán a esto.

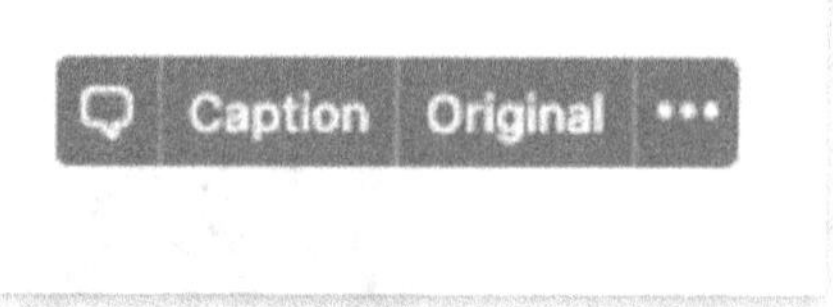

Figura 4.6: Menú de opciones para interactuar con una imagen.

Las barras verticales que aparecen a los lados de la imagen te permiten ajustar el tamaño de la misma, arrástralas para hacerla más pequeña o más grande según desees.

En la parte superior derecha de la imagen (Fig. 4.6) aparece un menú y tres opciones:

Caption *(Descripción):* Te permite agregar un título o descripción a la imagen.

Original *(Original):* Al presionarlo, abre en una nueva ventana de tu navegador, mostrando la imagen en su tamaño original.

Globo de Comentarios: Te permite agregar un comentario a la imagen. El número de comentarios aparecerá junto a un pequeño ícono a la derecha de la imagen, al que tienes que dar clic para leerlos.

Menú Tres Puntos (…) en imágenes. Contiene varias opciones que te permitirán: *Borrar* (Delete); *Duplicar* (Duplicate); *Copiar* un enlace directo a la imagen (Copy link); Así como Visualizarla en *pantalla completa* (Full screen); *Verla en tamaño original* en una nueva ventana (View original); *Descargarla* (Download); *Remplazarla* por otra

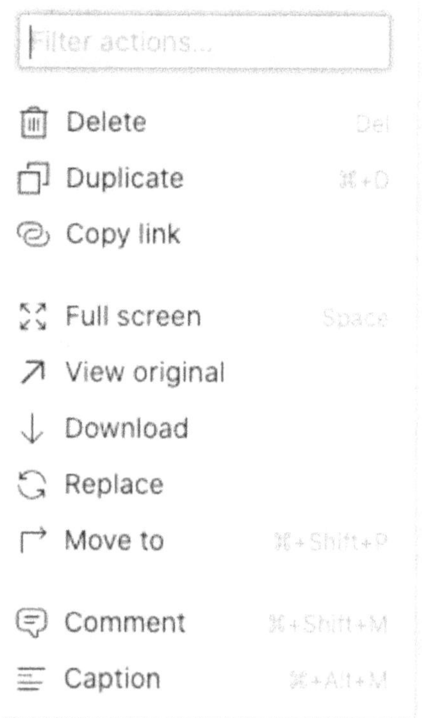

Figura 4.7: Menú *Tres Puntos* (…) en una imagen.

imagen **(Replace)**, esta opción abrirá una ventana para que selecciones la otra imagen; y por último *Moverla a* otra página **(Move to)**, te mostrará una lista para que selecciones hacia que página moverla. En este menú aparecen también las opciones de agregar una *Descripción* **(Caption)** o un *Comentario* **(Comment)** previamente descritas (Fig. 4.7).

Nota que del lado izquierdo de la imagen aparece el *Menú Múltiple* :: como en cualquier otro bloque. Esto te permitirá como ya lo hemos visto, acomodar la imagen sujetándola desde aquí (::) o si das clic en el aparecerá un menú con las mismas opciones que revisamos en el menú de *Tres Puntos (...).*

Tip: Si te atreves, también puedes insertar un **GIF** animado, utilizando el mismo método que para insertar una imagen y así darle un aspecto más dinámico a tu página.

Capítulo 5

Bases de Datos

Una de las funcionalidades de Notion que sin duda te van a permitir un mejor nivel de organización y te van a ayudar a incrementar tu productividad es el uso de *bases de datos* (Database). Si has usado Excel entonces estas familiarizado con el uso de tablas que te permiten crear bases de datos, la implementación que hace Notion de esta herramienta es diferente, es más sencilla, evidentemente no remplazara a tu hoja de cálculo, pero al mismo tiempo, esto justamente hace que sea muy poderosa, ya que te permitirá que ciertas bases de datos que normalmente no crearías, se implementen fácilmente dentro de Notion. Lo que te permitirá tener más información en un solo lugar, organizada de una manera bastante eficiente. En este Capítulo veremos la forma más simple de crear una base de datos en Notion, ¡Una tabla!, en los capítulos siguiente veremos como se puede modificar esta y darle diferentes formatos para visualizar de una manera más eficiente distintos tipos de información.

Creando bases de datos

Hacer una base de datos en Notion es muy sencillo. Lo puedes hacer al momento de abrir una página nueva (Fig. 5.1). Debajo de las opciones que aparecen al crear una página, hay una sección dedicada a *Bases de datos* (Database). Donde aparecen 6 opciones, la primera es crear una *Tabla* (Table), seguida de *Tablero* (Board), *Lista* (List), *Calendario* (Calendar), *Galería de imágenes* (Gallery) y Cronología (Timeline). En este capítulo crearemos una *Tabla* (Table) utilizando un ejemplo práctico e iremos explicando el resto de las opciones en los capítulos siguientes, ya que son intercambiables, puedes pasar de una otra sin necesidad de modificar el contenido de la misma. ¡Empecemos!

Creando una Tabla

Para crear una de Base de Datos, necesitamos una página nueva. Para este ejemplo vamos a utilizar una de las páginas de tareas de la sección de *Proyecto* que

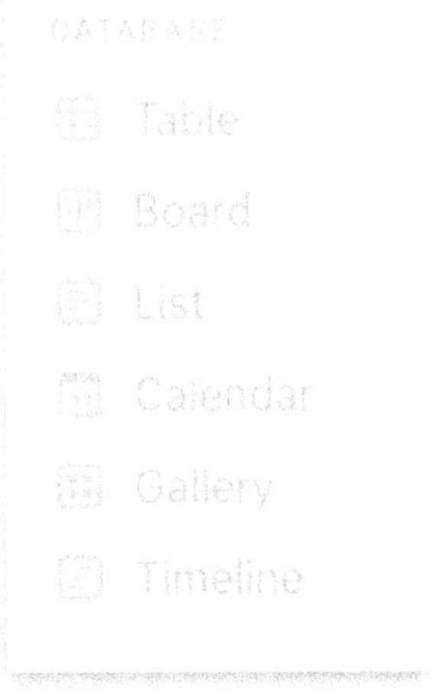

Figura 5.1: Opciones de *Bases de Datos* (Database) al crear una página nueva.

creamos en el capítulo anterior dentro del *Centro de Control*. Vamos a crear una base de datos que incluya las actividades necesarias para remodelar y decorar una casa. Queremos que nos indique qué día se va a llevar a cabo cada actividad.

Para comenzar, ve a tu *Centro de Control*. Da clic en la página *Proyecto,* después ve a la página *Tarea 1*. Antes que nada, cambia el nombre de la página, sustituye *Tarea 1* por *Remodelación*. Observa que la página está vacía, mostrando solamente las opciones para agregar contenido. Abajo, en la sección de *Bases de Datos* (Database), selecciona *Tabla* (Table), de inmediato aparecerá una tabla en la página (Fig. 5.2) conteniendo dos columnas y tres renglones.

Por default la primera columna se llama **Name** (*Nombre*); la segunda **Tags** (*Etiquetas*). Esta es tu base de datos, aquí podrás modificar títulos, agregar columnas y llenar los renglones con tu información.

La primera columna es importante, es aquí donde agregas los elementos que quieres organizar en tu base de datos. En el caso de

Base de Datos

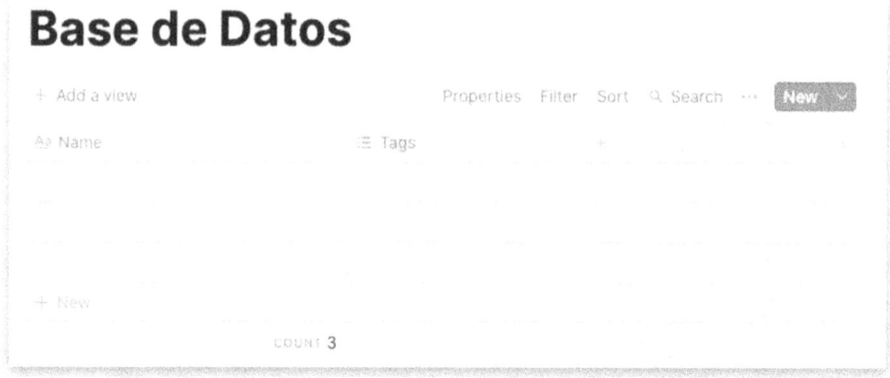

Figura 5.2: Base de datos con vista de *Tabla* (Table).

nuestro ejemplo, llamado *Remodelación,* en la primera columna es donde se ingresarán las actividades a realizar. Ve a la primera columna y agrega las siguientes actividades: *Comprar pintura, Pintar paredes, Mover muebles*.

El resto de las columnas se utilizan para incluir las propiedades que modifican a los elementos de la primera columna, en este caso a las actividades a realizar. Una propiedad puede ser una fecha, una persona, un lugar, etc. Debes definir qué tipo de propiedad contiene cada columna para darle el contexto apropiado a la información y que Notion lo procese de la manera correcta. En nuestro ejemplo asignaremos una fecha a cada actividad de nuestro proyecto y crearemos una columna para designar a qué etapa de avance pertenece cada actividad.

Para comenzar a construir nuestra tabla, primero cambiaremos el título de la primera columna por algo más descriptivo. Sustituiremos *Name (Nombre)* por *Actividad*. Para hacer esto, da clic en la casilla de *Name*, aparecerá una ventana con el **Menú de Propiedades**, donde verás un campo de texto que contiene la palabra *Name,* bórrala y escribe *Actividad*. Observa que bajo del campo de texto se lee **Property Type** *(Tipo de Propiedad)* y debajo **Title** *(Título).* Esta propiedad de *Título* (Title) indica que esta columna contiene los elementos que se van a organizar en la base de datos. Este tipo de propiedad no se puede modificar, a diferencia del resto de las columnas. Da clic fuera del menú para regresar a la tabla (Fig. 5.3).

La segunda columna que ahora se llama *Tags (Etiquetas)*, la modificaremos para poder agregar la fecha en la que se van a realizar las actividades. Para esto da clic en la casilla donde está escrito *Tags* para que aparezca el **Menú de Propiedades** (Fig. 5.4a) y en el campo de texto sustituye *Tags* por *Fecha*. En **Tipo de Propiedad** (Property Type) ahora verás que dice **Selección Múltiple** (Multi-Select) y tiene una pequeña flecha a la derecha. Da clic sobre la flecha y verás que aparece una lista de propiedades (Fig. 5.4b). Aquí debes seleccionar el tipo de propiedad que corresponde al tipo de información que quieres

Figura 5.3: Menú de Propiedades en la columna *Name, con* Tipo de Propiedad: *Título* (Title). No modificable.

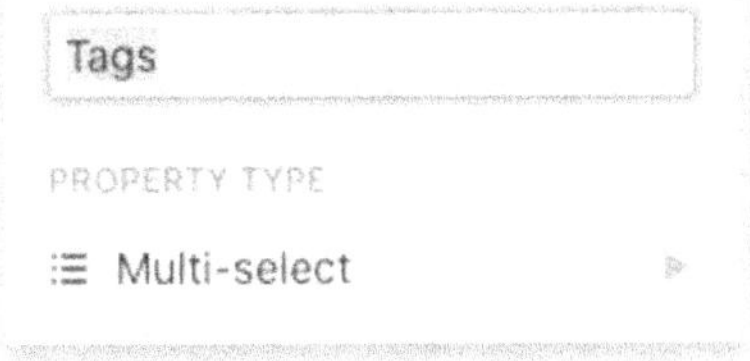

Figura 5.4a: Menú de Propiedades en la columna *Tags*, con *Tipo de Propiedad* modificable.

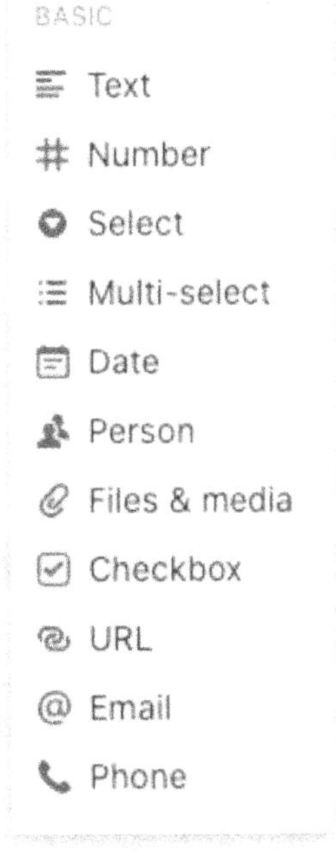

Figura 5.4b: Menú de *Tipos de Propiedades* básicas.

Ωingresar en la columna. En nuestro caso queremos incluir una fecha, así que escogeremos **Date** *(Fecha)*.

Menú de Propiedades

El *Menú de Propiedades* (Fig. 5.4b), contiene los diferentes *Tipos de Propiedades* (Property Type) que se le pueden asignar a una columna. Están divididos en dos secciones: **(Basic)** *Básicos* y **(Advanced)** *Avanzados*. El tipo de propiedad se debe seleccionar con base en el tipo de información que se desea incluir en cada columna de la tabla.

Los *Tipo de Propiedad* básicos, incluyen:

- **Text** *(Texto):* Si vas a ingresar solo texto.
- **Number** *(Números):* Para ingresar valores numéricos.
- **Select** *(Seleccionar):* Te permite elegir una sola opción, de entre varias categorías que tú defines.
- **Multi-select** *(Selección Múltiple):* Te permite elegir una o más opciones simultáneamente, entre varias alternativas que tú puedes definir.
- **Date** *(Fecha):* Cuando necesites insertar fechas u horas en una columna.
- **Person** *(Persona):* Para designar a una persona.
- **Files & media** *(Archivos y Documentos):* Te permite insertar archivos de diversos tipos.
- **Checkbox** *(Casilla de Verificación):* Agrega casillas de verificación, para indicar que algo se ha realizado.
- **URL** *(Página Web):* Para incluir la dirección web de una página o documento.
- **Email** *(Correo Electrónico):* Para insertar una dirección de email.
- **Phone** *(Número Telefónico):* Para incluir un número telefónico.

Las opciones avanzadas que no las revisaremos por ahora.

Continuando con nuestro ejemplo. Después de seleccionar *Fecha* (Date) como *Tipo de propiedad* (Property Type) en la segunda columna, verás que al lado de *Fecha* aparece un pequeño ícono de un calendario, eso te indica que esa columna efectivamente ha sido configurada para recibir información acerca de fechas. Da clic sobre la casilla vacía en la columna *Fecha*, que corresponde a *Comprar pintura*, al dar clic, aparece un menú con un calendario y otras opciones de tiempo (Fig. 5.5). Esta es la importancia de seleccionar qué **Tipo de Propiedad (Property Type)** le corresponde a los datos que deseamos agregar. Para que Notion nos muestre el menú que corresponde a nuestra información y así poder ingresarla fácilmente, a la vez que Notion puede procesarla adecuadamente.

El menú para seleccionar la fecha (Fig. 5.5) contiene un calendario, que muestra el mes actual, con el día de hoy indicado en azul. Aquí puedes escoger el día que quieres realizar la actividad correspondiente. Simplemente selecciónalo en el calendario. Si quieres que además de la fecha aparezca una hora, abajo del calendario, aparecen un par de opciones que puedes activar. Activa **Incluir hora** (Include time) y aparecerá un campo de texto donde especificar la hora. Selecciona el día de mañana para realizar esta primera actividad. En el día seleccionado aparece el recuadro azul, mientras que el día de hoy se queda con un círculo rojo. Ajusta la hora a las 3:00 pm. Presiona fuera del menú para salir.

Ahora definiremos los días destinados a *Pintar paredes*, en la columna de *Fecha* selecciona la casilla vacía correspondiente. Esta actividad nos tomará tres días, así que escoge como día de inicio la fecha de pasado mañana. De las opciones que aparecen abajo del calendario, activa **Fecha de Finalización** (End date). Aparece un nuevo campo de fecha.   Selecciona los días deseados ya sea

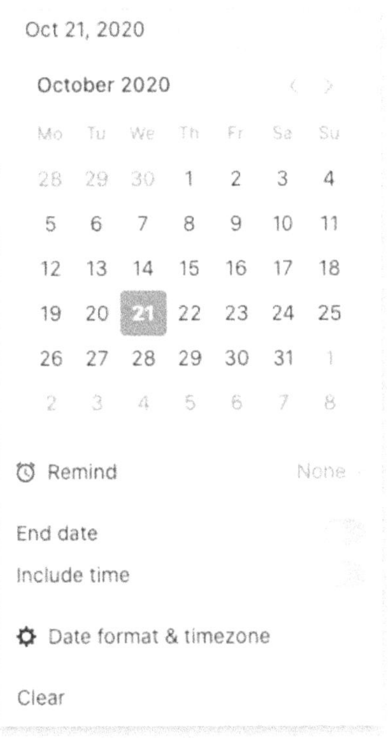

Figura 5.5: Menú de calendario para definir fechas.

señalándolos en el calendario o ajustando manualmente. Indica la fecha de finalización un par de días después de la fecha de inicio. El rango de días seleccionados se colorea de azul. ¡Listo! Has definido un rango de tiempo. Notarás también que no se ve el campo de la hora, pero si quieres indicar hora de inicio y término, puedes activar la opción *Incluir Hora* (**Include Time**). No es necesario en este caso.

Por último, programaremos la actividad de *Mover muebles*. Para esto, selecciona la casilla correspondiente en la columna de *Fecha*, escoge un día después de la fecha de terminación de *Pintar paredes*. Como necesitarás ayuda para mover los muebles, pide que te recuerde llamar a un amigo con tiempo, para que te ayude a hacerlo. Para esto, ve a la opción *Recordatorio* (**Remind**) que por default dice *Ninguno* (**None**), presiona la flecha y verás que te aparecen algunas opciones predeterminadas: *El día del evento* (**On day of the event**), *Un día antes del evento* (**1 day before**), *Dos días antes del evento* (**2 days before**), *Una semana antes* (**1 week before**). Selecciona *Un día antes* (**1 day before**). ¡Listo!, da clic fuera del menú para regresar a la tabla (Fig. 5.6).

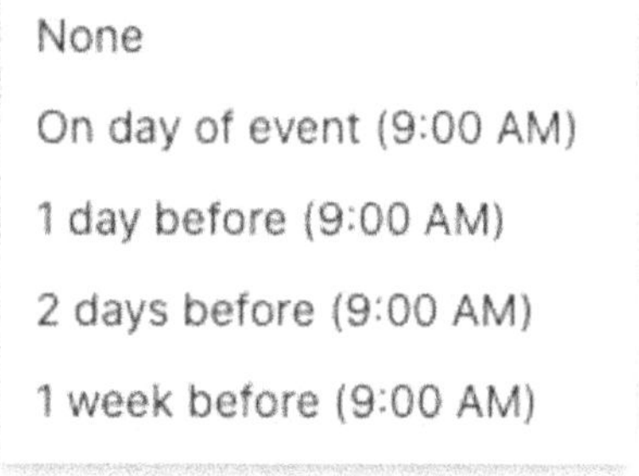

Figura 5.6: Menú para crear un recordatorio con opciones predeterminadas.

Las actividades y tu recordatorio están agendados. Nota que a diferencia de las actividades anteriores, este último aparece en color azul y con el ícono de un reloj despertador que indica que tiene un recordatorio asociado. Un día antes del evento, a las 9:00 AM (por alguna razón, esta es la única hora predeterminada de los recordatorios), recibirás un mensaje, ya sea dentro de Notion o por correo electrónico si no estás dentro del sistema, recordándote este evento.

Vamos ahora a agregar nuevas actividades a nuestro proyecto. Para esto necesitarás agregar renglones a la tabla. Presiona **+*Nuevo*** (**+New**) al fondo de la primera columna. Esto te permitirá agregar un nuevo renglón. Escribe ahí, *Imprimir fotos.* Ahora asígnale como fecha el mismo día que *Comprar pintura.* Regresa a la casilla de *Imprimir fotos*, observa que al mover tu cursor por encima de la casilla, aparece la palabra **OPEN** (*Abrir*). En Notion cada casilla de la primera columna de una tabla de datos es a su vez una página que se puede abrir y tener su propio contenido. Presiona *Abrir* (OPEN) para entrar a la página de *Imprimir fotos.* Notarás que no se abre como una página completa, sino como un recuadro superpuesto. Si quieres que ocupe todo el espacio de la página, hay una opción en la esquina superior izquierda de la ventana que la ***Abre como una página*** (Open as page).

En esta página vamos a agregar las imágenes que queremos imprimir para colgar en la casa, escoge un par de imágenes de tu computadora e insértalas a esta página (Fig. 5.7), ya sea arrastrándolas desde tu escritorio o utilizando el comando **/image** *(/ imagen)* que revisamos en el Capítulo 4. Yo incluiré un par de fotos mías. ¡Listo! Puedes agregar imágenes y todo tipo de bloques dentro de esta página. Esto permite que toda la información relacionada con esta actividad, este convenientemente disponible dentro de cada nota y a la vez organizada dentro de la base de datos. Da clic fuera del

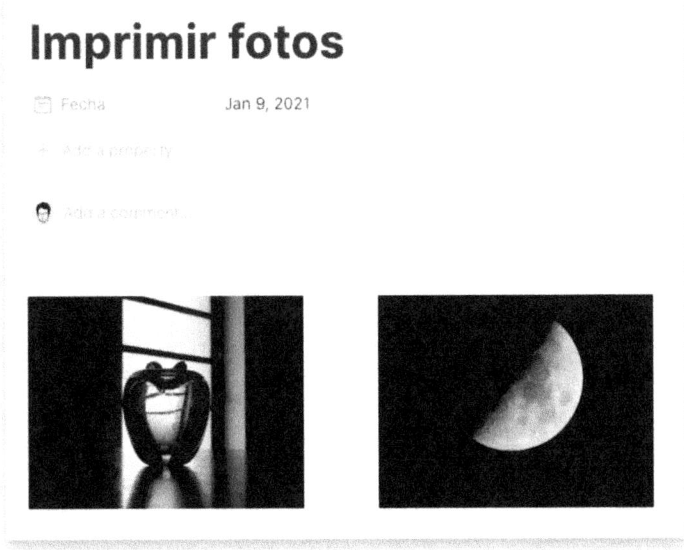

Figura 5.7: Página en una base de datos con imágenes
(*Fotos: Carlos Xuárez*).

recuadro para regresar a la tabla. La casilla de *Imprimir fotos* ahora muestra el ícono de una página, indicando que esa actividad incluye información adicional dentro de la misma.

Agregaremos una última actividad. Presiona **+ New** *(+ Nuevo)* para crear un nuevo renglón y en la casilla correspondiente de la primera columna, escribe *Colocar plantas*. No asignes ninguna fecha a esta actividad, deja la casilla respectiva en blanco.

Crearemos ahora una nueva columna. Presiona sobre el signo + a la derecha de la columna *Fecha*, para crear una nueva columna e invocar el **Menú de Propiedades**. Escribe *Avance* en el campo de texto, para dar nombre a la columna. Modifica ahora el **Tipo de propiedad** (**Property Type**), presiona la flecha donde ahora dice **Text** *(Texto)* y escoge **Select** *(Seleccionar).* Esto nos permitirá crear una lista de opciones, de las cuales solo una puede asignarse a cada elemento de esta columna.

Da clic en el primer renglón vacío de dicha columna, que corresponde a *Comprar material*. En el campo de texto escribe: *Etapa 1*, aparecerá esa misma frase, con fondo de color en la parte de abajo

Figura 5.8: Base de datos, con fechas, recordatorio y etapas.

de dicha ventana, presiona el botón **Create *(Crear)*** para confirmar. Da clic nuevamente en la misma casilla, verás que ahora en el campo de texto está la etiqueta de Etapa 1, coloca tu cursor delante de esta, en el campo de texto y escribe: *Etapa 2*, presiona **Create *(Crear)*** nuevamente, al hacerlo la casilla ahora mostrará *Etapa 2* en un color diferente. Da clic sobre la misma casilla una vez más. Repite el procedimiento, para añadir *Etapa 3* a la lista de opciones. ¡Listo! Ahora puedes escoger entre 3 distintas etapas de avance.

Ahora asignaremos *Comprar material* a la *Etapa 1.* Da clic nuevamente en esa casilla para abrir el menú, verás la lista de etapas que has creado en diferentes colores, selecciona *Etapa 1* para asignar esta etiqueta a dicha actividad.

Da clic ahora a la casilla correspondiente a la siguiente actividad *Pintar paredes*, selecciona *Etapa 3.* Repite la misma acción con la casilla correspondiente a *Mover muebles*, nuevamente elige *Etapa 3.* A *Imprimir fotos* asígnale la etiqueta de *Etapa 1.* A *Colocar plantas,* no le asignes ninguna etapa por ahora. En este punto, tu base de datos debe parecerse a la Fig. 5.8

¡Felicidades! has creado tu primera base de datos. Has definido las actividades a realizar, les has asignado una fecha y has definido a qué etapa pertenece cada una de ellas. En la siguiente sección conocerás los distintos tipos, o **vistas** como las llama Notion, de bases de datos disponibles, además veremos como filtrar la información, de tal manera que nos permita visualizar solo los datos más relevantes para cada tipo de proyecto.

Capítulo 6

Tipos de Bases de Datos

En la sección anterior creaste tu primera base de datos con un formato de tabla, que es el más sencillo y versátil de todos, pero Notion te ofrece más opciones y para poder aprovechar todo su poder te darás cuenta que usar versiones o vistas alternativas de tus bases de datos, te facilitará la visualización de la información más importante en cada caso.

Una de las grandes ventajas de Notion es que puedes crear diferentes vistas a partir de la misma base de datos. Además de la tabla de la sección anterior, tienes la opción de crear un: *Tablero* (Board), *Calendario* (Calendar), *Lista* (List), *Galería de imágenes* (Gallery) o *Cronología* (Timeline). Escoger la mejor vista para una base de datos, dependerá de qué clase de datos y qué tipo de información te interesa resaltar. Puedes incluso crear dos o más vistas de una misma base de datos, para enfatizar diferentes aspectos de la misma.

En esta sección te mostraré cómo se crean las diferentes vistas, cómo puedes filtrar y reordenar tus datos, para que muestre solo la información que te interesa, en el orden correcto. Como ejemplo, continuaremos utilizando la base de datos *Remodelación* que creamos en la sección anterior.

Creando un Tablero Kanban

Dirígete a la tabla que creamos previamente en la sección *Proyecto,* llamada *Remodelación.* Para crear una vista nueva de la base de datos, da clic en **+Add a View** (*Agregar una Vista),* en la parte superior izquierda de la tabla. Aparecerá un menú con las diferentes opciones (Fig. 6.1) que hemos mencionado. Si mueves tu cursor sobre cada una de ellas, te mostrará una vista previa de como luciría tu base de datos en cada caso. Elige la opción **Board** *(Tablero)*, la cual creará un tablero tipo Kanban, ideal para visualizar proyectos que se dividen en etapas y van avanzando constantemente. Presiona el botón **Create** *(Crear),* verás que tu tabla se transforma en un tablero y ahora se ve como en la Figura 6.2.

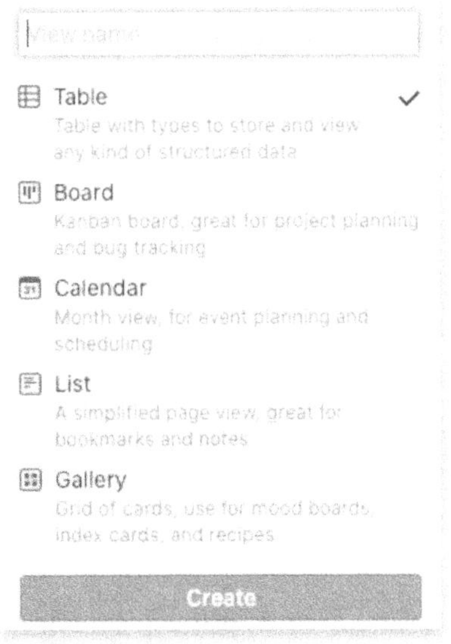

Figura 6.1: Menú para crear vistas alternas de una base de datos.

Nota que contiene la misma información que agregaste a la tabla. Las actividades aparecen como título en cada casilla, pero ahora está dividida en columnas de acuerdo a la etapa correspondiente a cada una de ellas. Está vista es muy útil cuando estas tratando de organizar y mantenerte al tanto del avance de las

Figura 6.2: Base de datos con formato de tablero tipo Kanban.

actividades que se requieren realizar en un proyecto complejo. Nota también, que la primera columna corresponde a *No avance*, es decir actividades que no se han iniciado o que aún no tienen una fase asignada. El resto de las columnas corresponden a cada una de las diferentes etapas que asignaste previamente.

Observa que cada actividad, está en la columna de su respectiva etapa. Al final de cada columna se encuentra un botón **+New** *(+Nuevo)*, que te permitirá agregar nuevas actividades a cualquiera de estas columnas sin ningún problema. Ve a la columna correspondiente a la *Etapa 2, que por ahora está vacía* y presiona **+New** *(+Nuevo)* para agregar una nueva actividad. En el campo de texto que aparece, escribe: *Resanar paredes*, da clic fuera del menú, para crear el elemento y listo, has creado una nueva actividad.

Notarás también que esta vista no muestra ninguna fecha de las que agregamos a la tabla. Pero al igual que en la tabla original, cada tarjeta de este tablero puede abrir su propia página. En este tipo de vista no parece la indicación **OPEN** *(abrir)*, pero puedes abrir la página correspondiente simplemente dando clic a la casilla de tu interés. Da clic en la casilla que acabas de crear. Al abrir la página verás que en la lista las propiedades que aparecen bajo el título, está el campo de *Fecha* que asignamos en la tabla, aunque ahora está *Vació* (Empty). Presiona sobre esta palabra y verás que aparece el *Menú de Calendario* que ya conoces. Agrega la fecha del primer día

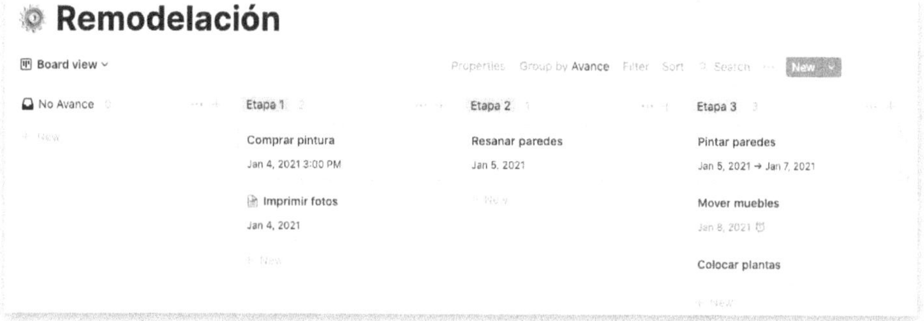

Figura 6.3: Base de datos con formato de tablero Kanban, después de agregar nuevos elementos.

que asignaste a *Pintar paredes.* Da clic fuera de la página pare regresar al tablero. Esta es la forma de agregar nuevos elementos y ajustar sus propiedades en una vista de **Tablero** (Board).

Como habrás notado, estas actividades están relacionadas con el tiempo y la idea general de esta vista es que se vayan moviendo conforme el proyecto avanza. ¿Qué hacemos cuándo queremos mover una actividad de una etapa a la siguiente? Muy sencillo, simplemente sujeta la casilla que quieres mover con el apuntador y arrástrala a la etapa siguiente. Practica esto usando la tarjeta *Colocar plantas,* que por ahora está en *No Avance.* Arrástrala hasta la casilla correspondiente a la *Etapa 3.*

Puedes también escoger a que altura de la columna colocar tus eventos, (ayudado por las líneas azules). Arrastra y coloca las actividades de tal manera que las relacionadas con pintar las paredes queden en la línea superior, Debe lucir similar a la Fig.6.3. ¡Excelente!

De esta manera puedes reacomodar los elementos en tu proyecto y mantenerlos organizados conforme vas avanzando en su realización.

Figura 6.4: Base de datos en vista de tabla, con nuevos elementos agregados.

La mejor parte de cómo funciona Notion, es que los cambios que realices en una vista se incluyen en la versión original y en las versiones alternas que vayas creando. Para comprobar esto volvamos a nuestra vista original de la *Tabla*. Si observas la parte superior izquierda del tablero, verás **Board view** con una flecha, al abrirla una lista te indica las vistas disponibles **Board View** *(Tablero)* la vista actual y **Default vlew** *(Vista original)* que es la tabla que creamos originalmente. Selecciona **Default view**. Observa que aparece nuevamente la tabla original, pero nota que ahora contiene la casilla de *Resanar paredes* con una fecha asignada y la etiqueta de la *Etapa 2.* Observa también que la opción de *Colocar plantas* ahora tiene asignada la etiqueta de *Etapa 3,* aunque aún sin fecha (Fig. 6.4).

Creando un Calendario

Ahora crearemos una tercera vista para esta base de datos. Abre nuevamente el menú de vistas en la parte superior izquierda de la tabla y selecciona **+ Add View** *(+ Agregar Vista)* . En esta ocasión selecciona la vista de **Calendario** *(Calendar),* confirma presionado el botón azul **Create** *(Crear).* Verás que aparece ahora un calendario que contiene las actividades de nuestro proyecto en las fechas que determinamos previamente (Fig. 6.5). Nota que algunas actividades abarcan varios días, otras un día solamente. Si das clic en cualquiera de ellas, se abrirá la página asociada a cada actividad, con las

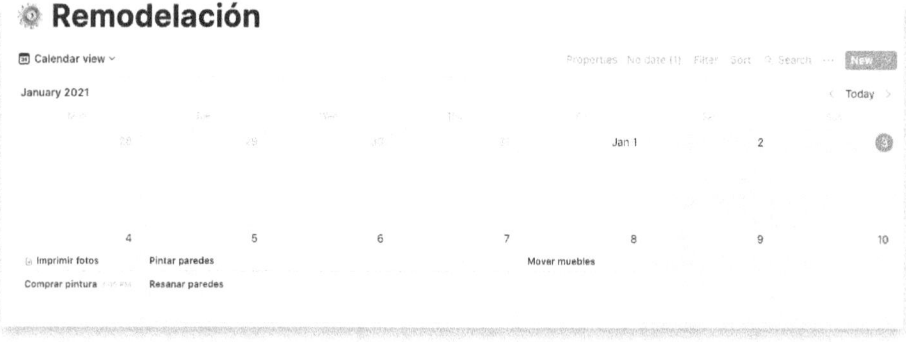

Figura 6.5: Base de datos con vista de calendario.

propiedades que ya conoces. Ahí podrás agregar más información o modificar alguna propiedad de la manera que ya vimos.

¿Qué sucede si alguna actividad no tiene fecha asignada? Observa el menú superior derecho, al lado de **Properties** *(Propiedades)* aparece la indicación: **No date** *(Sin fecha)* **(1)**, esto indica que hay un elemento sin fecha en la base de datos y que no fue colocado en el calendario. Da clic en este menú para abrirlo, verás un campo de búsqueda que te permite buscar la actividad (en caso de que tuvieras muchas) a la cual quieres agregarle la fecha y debajo de este, aparece una sección con la indicación **Clic to add to the calendar** *(Da clic para agregar al calendario),* ahí encontrarás la actividad *Colocar plantas*, a la derecha aparece la indicación **View** *(Ver)*. Si das clic sobre el nombre de la actividad, *Colocar plantas,* se agregará automáticamente al calendario en el día de hoy. En cambio, si das clic en **View** se abrirá la página correspondiente para poder agregar otra fecha.

Presiona sobre **View** *(Ver)* para abrir la página, dentro de ella verás la lista de propiedades. Fecha está vacía, presiona sobre la palabra **Empty** *(vació)*, para abrir el menú de calendario y selecciona el mismo día que *Mover muebles*. ¡Listo!, tu actividad ha quedado asignada a una fecha del calendario. Si quieres modificar una fecha por alguna razón, puedes hacerlo de dos maneras: Dando clic en la actividad, para abrir la ventana y ajustar la fecha desde el menú, o mejor aún, simplemente arrástrala al día correspondiente. Selecciona la actividad que acabas de ajustar: *Colocar plantas* y arrástrala a un día después de *Mover Muebles*.

También puedes ajustar los rangos de tiempo de esta manera. Observa que *Resanar paredes* y *Pintar paredes* se sobreponen en el primer día de esta última actividad, coloca tu apuntador en el extremo izquierdo del recuadro de *Pintar paredes* y arrástralo de tal manera que *Pintar paredes* ocupe solo dos días. Dejando un día entero para la actividad de resanar. Nota la facilidad de ajustar las fechas de tus proyectos cuando trabajas en una vista de calendario.

⚙ Remodelación

| Default vi... ⌄ | Properties | Filter | Sort | 🔍 Search | ··· | **New** ⌄ |

Aa Actividad	📅 Fecha	⚙ Avance
Comprar pintura	Jan 4, 2021 3:00 PM	Etapa 1
Pintar paredes	Jan 6, 2021 → Jan 7, 2021	Etapa 3
Mover muebles	Jan 8, 2021 ⏰	Etapa 3
📄 Imprimir fotos	Jan 4, 2021	Etapa 1
Colocar plantas	Jan 9, 2021	Etapa 3
Resanar paredes	Jan 5, 2021	Etapa 2

Figura 6.6: Base de datos en vista de tabla con elementos actualizados.

Volvamos ahora a la vista de la tabla original. En el lado superior izquierdo del calendario, escoge nuevamente **Default view** (*Vista Default*), verás nuevamente tu tabla original con las nuevas actividades agregadas, con las fechas correspondientes y las respectivas etiquetas de cada etapa. Como te has dado cuenta, cuando agregas información, en una vista de la tabla esta permanece y se guarda en los lugares correspondientes. Así que no importa que vista uses, siempre estarás viendo la información más actual y completa de tus datos (Fig. 6.6).

Existen tres tipos de vistas más, que son apropiados para otros usos y que puedes crear desde el mismo menú que ya hemos revisado (Fig. 6.1). Tenemos la vista de *Galería* (Gallery), que sirve para mostrar las imágenes guardadas en tus bases de datos, muy útil si tienes fotos de comida, arte, etc. Hay un ejemplo de como crear una galería de imágenes en el Capítulo 13. También existe la **Lista simple** (List), cuando quieres una versión estilo tabla, pero más sencilla y de aspecto minimalista. De la cual se presenta un ejemplo en la Figura 14.5. Además, en una reciente actualización se agregó la opción de visualizar una base de datos a manera de *Cronología o Línea de tiempo* **(Timeline)**, a la cual se le ha dedicado por entero el capítulo siguiente.

Filtrando datos

Hasta ahora hemos visto como crear una base de datos, como agregar información y como darles diferentes formatos (tabla, tablero y calendario). Pero a menudo es necesario filtrar el contenido en una base de datos para ver solo la información que más nos interesa. Por ejemplo, puede ser que quieras ver solo los pendientes del día de hoy o de esta semana, las actividades que se llevarán a cabo solo en cierto lugar o por determinada persona. Afortunadamente Notion tiene herramientas de filtrado de datos muy completas, que te ayudarán a lograr esto de una manera sencilla.

Describiré las opciones para realizar el filtrado de datos, recurriendo nuevamente a la tabla *Remodelación* que hicimos en la sección anterior. Comenzaremos con la base de datos en la vista de

Remodelación

⊞ Default vi... ∨	Properties Filter Sort Q Search ⋯	New ∨
Actividad	Fecha	Avance
Comprar pintura	Jan 4, 2021 3:00 PM	Etapa 1
Pintar paredes	Jan 6, 2021 → Jan 7, 2021	Etapa 3
Mover muebles	Jan 8, 2021 ⏰	Etapa 3
📄 Imprimir fotos	Jan 4, 2021	Etapa 1
Colocar plantas	Jan 9, 2021	Etapa 3
Resanar paredes	Jan 5, 2021	Etapa 2
Enmarcar fotos	Jan 5, 2021	Etapa 2
Colgar cuadros	Jan 9, 2021	Etapa 3

Figura 6.7: Base de datos en vista de tabla con nuevos elementos agregados.

Tabla original (**Default view**). Antes de filtrar, agregaremos un par de actividades para tener más opciones de filtrado. En la tabla original, agrega nuevos renglones, presionando **+New** *(+Nuevo)* en la columna de actividad, y escribe las siguientes: *Enmarcar fotos,* asígnale la *Etapa 2* y de la misma fecha de resanar paredes. Agrega también *Colgar cuadros* asígnale *Etapa 3* y dale la misma fecha de colocar plantas. Tu tabla debe lucir como la Figura 6.7.

Una vez hecho esto, Ve a **Default view** en la parte superior izquierda de la misma y crea una nueva **Vista de tabla** *(Table view).* Sí, puedes tener varias vistas de *Tabla* o de cualquier otro tipo de base de datos, no hay restricciones al respecto. En el menú de crear vista, escribe el nombre *Tabla Etapa 3* a manera de título y luego selecciona **Table view** *(Vista de tabla)* y presiona **Create** *(Crear).* Al hacerlo tendrás una nueva tabla, idéntica a la tabla original de **Default view** *(Vista default).*

Ahora empezaremos a modificarla, filtrando los datos, de tal manera que como lo dice su título, nos muestre solo los datos correspondientes a la *Etapa 3* del proyecto. En la parte superior derecha de la tabla, junto al menú **Properties** *(Propiedades)*, que ya hemos utilizado, encontrarás el menú **Filter** *(Filtrar)*, este menú te permitirá agregar filtros para ir seleccionando solo la información que te interese mostrar en esta tabla.

Para comenzar, selecciona **Filter** *(Filtrar)* y después **+ Add a Filter** *(+ Agregar un filtro)* en el menú que aparece. Al presionarlo te aparecerá un submenú con dos opciones, **+ Add Filter** *(+ Agregar Filtro)* o **+ Add a filter group** *(+ Agregar un grupo de filtros)*. En este caso selecciona nuevamente la opción **+ Add Filter** *(+ Agregar filtro)*, para agregar solo un filtro. Al hacer esto aparecerá un menú con varias casillas donde puedes seleccionar las diferentes opciones (Fig. 6.8). Iniciando con la palabra **Where** *(Donde)* y enseguida una casilla de selección múltiple donde verás que aparecen cada uno de los títulos de las columnas de la tabla (*Actividad, Avance* y *Fecha*). La casilla de en medio te da diferentes opciones: **Is** *(Es),* **Is not** *(No es),* **Contains** *(Contiene),* **Does not contains** *(No contiene),* **Starts with** *(Empieza* *con)*, Ends with *(Termina con)*, Is empty *(Está vacía)*, Is not empty *(No está vacía)*, que son las opciones que te permitirán modificar los datos en las columnas mencionadas, y por último una casilla vacía (con la palabra **Value *(Valor)*** donde debes indicar el valor de acuerdo al cual quieres filtrar los datos, esta dependerá de la información que tu tabla contenga y de lo que quieras visualizar (Fig. 6.8).

Figura 6.8: Menú Filter (*Filtrar*) con un filtro para visualizar solo las entradas que contengan la *Etapa 3*.

En este caso queremos ver solo las actividades que corresponden a la *Etapa 3*. Por lo que en este caso, la columna que queremos modificar es *Avance* y vamos a seleccionar solo las actividades que corresponden a la *Etapa 3*, notarás que el menú cambia de acuerdo a la columna que selecciones según el tipo de información que esta contiene. Así que en la casilla de en medio, ahora solo tenemos 4 opciones: **Is *(Es)*, Is not *(No es)*, Is empty *(Está vacía)*, Is not empty *(No está vacía)***. Como queremos seleccionar las actividades correspondientes a la *Etapa 3*, selecciona **Es *(Is)***. Por último, en el tercer campo, al dar clic en él, vemos que aparecen las tres opciones de etapas *(Etapa 1, 2 y 3)*. Selecciona *Etapa 3* (Fig. 6.8). Da clic fuera del menú para regresa a la tabla. Nota que ahora la tabla solo muestra las actividades de la *Etapa tres* (Fig. 6.9). ¡Excelente! Puedes agregar todos los filtros que desees a una tabla, repitiendo este mismo procedimiento, para ajustarlo a las necesidades específicas de cada tabla.

Un punto importante a tener en cuenta es que al filtrar los datos, estos permanecen en la base de datos, no se borran, solo se ocultan, de tal manera que puedas visualizar sólo lo que te interesa. Si

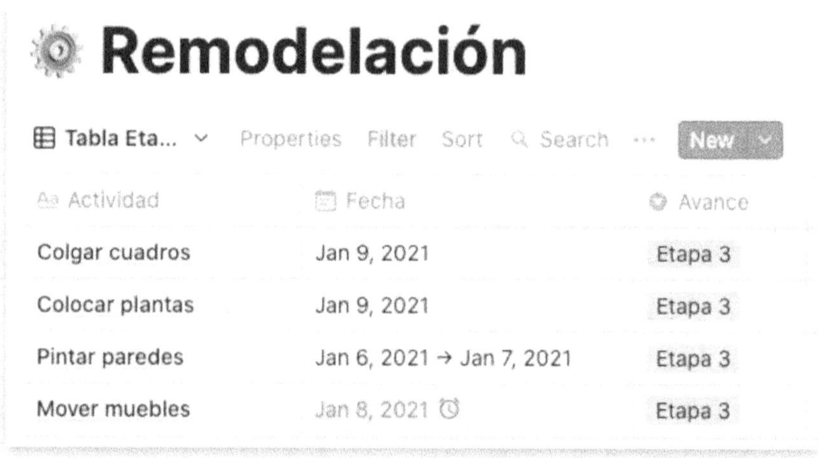

Figura 6.9: Base de datos filtrada, mostrando solo actividades de la *Etapa 3*.

deseas eliminar un filtro, simplemente ve de nuevo a **Filter** *(Filtrar).* En el menú que se abre, selecciona el menú de *Tres Puntos (...)* y después **Eliminar** *(Remove)*. La tabla volverá a su estado original, mostrando todos los datos que contiene. Recuerda que siempre podrás visualizar la totalidad de los datos en la vista de la tabla original **(Default view).**

Cuando agregas un filtro a una vista de tu base de datos, dicho filtro solo afecta a esa vista, las demás vistas permanecen intactas. Para confirmar esto vamos a la vista de **Tablero** *(Board view)*, usando el menú de la parte superior izquierda de la tabla. Una vez en la vista de tablero, verás que las etapas correspondientes están ahí, tal como las definiste inicialmente. Otro punto importante a recordar, es que puedes crear tantas vistas como desees con los datos filtrados de diferente manera, para que te sirvan para diferentes propósitos. En este ejemplo la **Vista Default** *(Default View)* contiene una tabla con la lista completa de actividades, mientras que la *Tabla Etapa 3*, nos muestra solo las actividades correspondientes a esta última. Puedes agregar más vistas mostrando solo secciones de tu interés, siendo diferentes en cada una de ellas.

Propiedades visibles

Una opción más para seleccionar solo ciertos datos en cada vista, es restringir las propiedades que se muestran. Por ejemplo, volviendo a la vista de la *Tabla Etapa 3*. Esta tabla, tiene tres columnas: *Actividad*, *Fecha* y *Avance*, En ellas, todas las casillas tienen la etiqueta de *Etapa 3* por la que fueron seleccionadas. Como la tabla se llama *Tabla Etapa 3*, es redundante tener una columna que diga *Etapa 3* en cada casilla. ¡Ya sabemos que todas pertenecen a esta etapa! Así que vamos a ocultar esta columna.

Para hacer esto ve al menú **Propiedades *(Properties)*** en la parte superior derecha de la tabla. Ahí aparece el nombre de cada columna con un interruptor. Verás que *Actividad* (la primera columna de la tabla, que contiene los elementos a organizar en la base de datos) no se puede modificar. Pero las otras dos propiedades, tanto *Fecha* como *Avance,* si se pueden cambiar. Hasta este momento ambas están encendidas. Desactiva la columna *Avance* (Fig. 6.10), al hacerlo, la columna desaparece y tendrás una tabla más simple, solo con las actividades y las fechas de realización correspondiente (No se muestra).

Figura 6.10: Menú Properties (*Propiedades*) para ocultar columnas en una tabla.

Ordenando datos

Además de filtrar y seleccionar propiedades a mostrar, existe otra opción para ayudarte a organizar tus tablas. Se trata de **Ordenar *(Sort)*.** Como su nombre lo dice, esta opción te ayudará a poner orden en una tabla a la cual se agregaron elementos de manera desordenada. Te permitirá tener una vista final más pulcra y además

⚙ Remodelación

Aa Actividad	Fecha	Avance
Comprar pintura	Jan 4, 2021 3:00 PM	Etapa 1
Pintar paredes	Jan 6, 2021 → Jan 7, 2021	Etapa 3
Mover muebles	Jan 8, 2021	Etapa 3
📄 Imprimir fotos	Jan 4, 2021	Etapa 1
Colocar plantas	Jan 9, 2021	Etapa 3
Resanar paredes	Jan 5, 2021	Etapa 2
Enmarcar fotos	Jan 5, 2021	Etapa 2
Colgar cuadros	Jan 9, 2021	Etapa 3

Figura 6.11: *Vista original* (Default view) de la base de datos sin ordenar de acuerdo a la etapa.

para que se mantenga ordenada, a pesar de añadir nuevos elementos frecuentemente.

Para este ejemplo volveremos a la *Tabla original* (Default view) que contiene la lista completa de actividades (Fig. 6.11).

Una vez ahí, ve al menú **Sort** *(Ordenar)* en la parte superior derecha de la tabla. Aparecerá un menú parecido al usado para filtrar. Aquí selecciona **+ Add Sort** *(Agregar un orden)*. Al hacerlo, verás que aparecen un par de casillas con diferentes opciones. La primera es una casilla que contiene los nombres de las columnas. En este caso las ordenaremos de acuerdo a su etapa de avance, por lo cual selecciona la columna *Avance*. Queremos ordenarlas de acuerdo a como se vayan incrementando los números en las etapas, es decir, que empiece por la *Etapa 1*, luego la *2* y finalmente la *3*. Para lo cual escogerás

Figura 6.12: Menú Sort (*Ordenar*) para establecer un orden *ascendente* (ascending).

la opción **Ascendente** *(Ascending)* (Fig. 6.12*)*. Al hacerlo verás que la tabla se ordena de acuerdo al número de etapa y además permanecerá así, incluso si agregas nuevas actividades al final de la tabla.

Para probar esto, agrega una nueva actividad, *Comprar plantas,* al final de la columna *Actividad* y asígnale la etiqueta *Etapa 1* y la misma fecha de comprar pintura. Verás que automáticamente, salta a la parte alta de la lista, manteniendo el orden establecido (Fig. 6.13).

⚙ **Remodelación**

Aa Actividad	Fecha	Avance
Comprar pintura	Jan 4, 2021 3:00 PM	Etapa 1
Imprimir fotos	Jan 4, 2021	Etapa 1
Comprar plantas	Jan 4, 2021	Etapa 1
Resanar paredes	Jan 5, 2021	Etapa 2
Enmarcar fotos	Jan 5, 2021	Etapa 2
Pintar paredes	Jan 6, 2021 → Jan 7, 2021	Etapa 3
Mover muebles	Jan 8, 2021	Etapa 3
Colocar plantas	Jan 9, 2021	Etapa 3
Colgar cuadros	Jan 9, 2021	Etapa 3

Figura 6.13: *Vista original* (Default view) de la base de datos, ordenada de manera ascendente de acuerdo a las etapas.

Al igual que con los filtros, puedes crear diferentes vistas y establecer diferentes tipos de orden en cada una de ellas, según te convenga. Puedes también eliminar un orden cuando lo desees, simplemente vuelve al menú **Sort** *(Ordenar)* y presiona la **x** que aparece en el renglón donde se establece el orden. Tus datos volverán al orden en que fueron ingresados.

En este capítulo hemos visto como se puede cambiar de un tipo de base de datos a otro. A manera de ejemplo, creaste una vista de tablero Kanban y un calendario. Además, revisamos la manera de filtrar y ordenar información dentro de una base de datos. En el capítulo siguiente se explicará en detalle el más reciente tipo de visualización de bases de datos que te ofrece Notion, la cronología o línea de tiempo.

Capítulo 7

Líneas Cronológicas

En una de las más recientes actualizaciones de Notion se agregó un nuevo tipo de vista a las bases de datos, la línea cronológica, cronología o línea de tiempo (**Timeline**). Los alcances y detalles de este particular tipo de vista de base de datos son múltiples, por lo que merece un capítulo aparte para describirla en detalle. Como su nombre lo indica, este tipo de base de datos te permitirá ver tus proyectos (y los de tu equipo de trabajo) de acuerdo a los tiempos planeados para realizar cada actividad, ya sea por día, semana, mes y así sucesivamente. Las cronologías son particularmente útiles para proyectos que tienen una fecha de terminación fija y necesitas definir las actividades a llevar acabo en cada momento para lograr su terminación.

Este tipo de visualización te permite ver fácilmente las actividades que se realizan en paralelo, cuánto tiempo tomará cada una de ellas, en que momento se concluirá cada etapa y por supuesto te brinda la posibilidad de ajustarlas en caso necesario. Una particularidad que Notion asignó a este tipo de vista es que está limitada a 3 cronologías por cuenta en los planes **Personal** (gratuito) y **Personal Pro**. El plan **Team** (*Equipos*) tiene un límite de 5 líneas de tiempo por cuenta y el plan **Enterprise** (*Empresas*) permite crear líneas cronológicas ilimitadas.

Crear una cronología para tus proyectos es muy sencillo. Si ya has creado una base de datos, como la de *Remodelación* que creamos en el capítulo anterior. Simplemente dirígete a **+ Add a view** *(+Agregar una vista)* y selecciona **Timeline (Línea de Tiempo)** entre la lista de opciones. Clic en **Create** *(Crear)* y una línea de tiempo similar a la Figura 7.1, aparecerá en tu página.

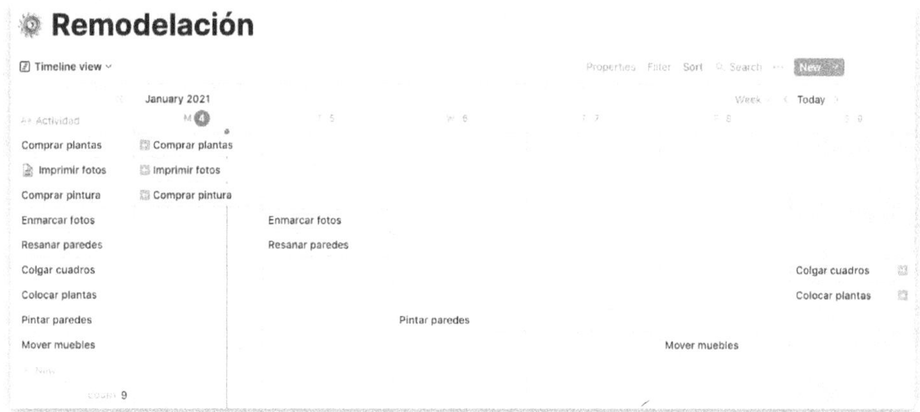

Figura 7.1: Cronología (Timeline) creada a partir de la base de datos *Remodelación*.

En ella puedes ver varios elementos, a la izquierda, una columna con las distintas actividades a realizar. A la derecha se encuentra propiamente la línea de tiempo, mostrando cada actividad y el tiempo destinado a su realización. Puedes ver claramente cuales actividades deben realizarse simultáneamente, cuál es la actividad que requiere una mayor cantidad de tiempo y cuales son las últimas actividades a realizar. Esta es una de las grandes cualidades de una línea cronológica, de un vistazo tienes un panorama completo de las actividades y tiempos que constituyen un proyecto.

Creando una Línea Cronológica

Para revisar el proceso de crear una línea de tiempo desde el inicio y de manera más interactiva, en este capítulo utilizaremos un nuevo ejemplo, escribir un libro de divulgación con un tema técnico. ¡Manos a la obra!

El primer paso es crear una página nueva donde insertarás la línea de tiempo. En tu *Centro de Control* ve a la sección *Proyecto* y luego a la página *Tarea 2*. Una vez dentro de dicha página, sustituye el nombre de la misma por *Mi Libro*. Selecciona **Timeline** *(Línea de Tiempo)* de entre las opciones de **Database (Base de Datos)** que aparecen en la página. Una línea cronológica aparecerá en la misma.

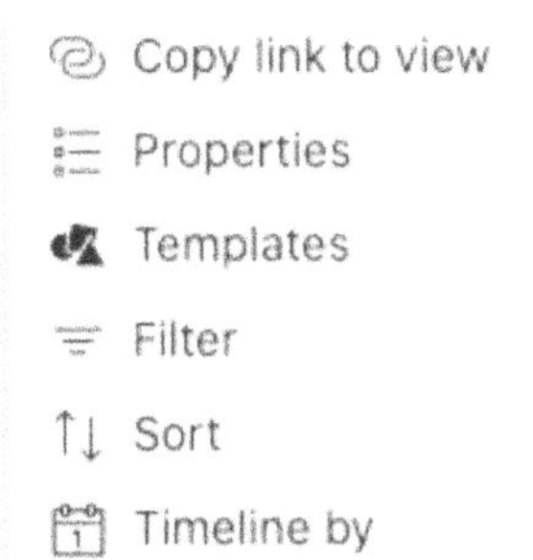

Figura 7.2: Menú *Tres Puntos (…)* en una línea de tiempo.

Notarás que la línea de tiempo, en la parte superior derecha, contiene algunos menús que ya conoces: **Properties** *(Propiedades)*, **Filter** *(Filtrar)*, **Sort** *(Ordenar)*, **Search** *(Buscar)* y *Tres Puntos (…)*. Dentro del menú de *Tres Puntos (...)* se encuentra una opción que es específica para líneas de tiempo **Timeline By** *(Línea de Tiempo de acuerdo a) (Fig. 7.2)*. Para que una cronología se pueda mostrar, es necesario que las bases de datos tengan al menos una columna con *Tipo de propiedad* (**Property type**) de *Fecha* (**Date**). Esta opción te permitirá escoger la columna (con propiedad de fecha) con base en la cual se construirá la línea de tiempo, en caso de que tengas varias. Si solo tienes una columna de fechas, esta se elegirá por default.

Como mencionamos a la izquierda de la línea de tiempo aparece una tabla. Esta tabla está destinada a contener las diferentes actividades que aparecerán en la línea de tiempo. Por default esta tabla contiene solo una columna llamada **Name** (Nombre). Esta tabla puede ocultarse si deseas que tu página muestre solo la línea de tiempo. Para ocultarla simplemente da clic en las flechas << que aparecen en la parte superior derecha de la tabla (Fig. 7.3) y la tabla se replegará hacia la izquierda.

En esta columna es donde escribirás las diferentes actividades necesarias para completar la publicación de tu libro. La columna **Name** *(Nombre)* contiene tres renglones, con las leyendas *Card 1*, *Card 2* y *Card 3*. Sustituye esos nombres por tu propia lista. Agrega las

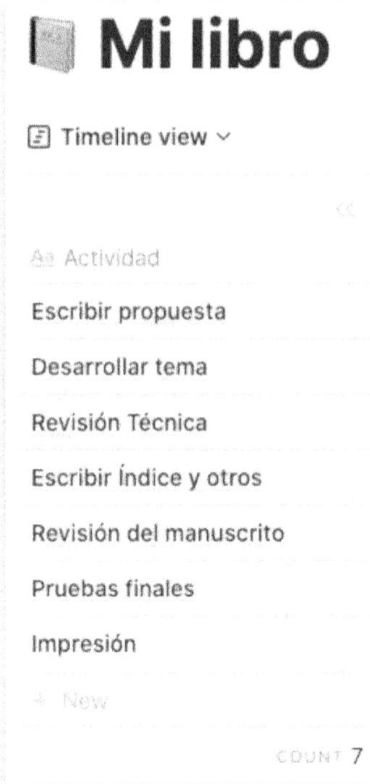

Figura 7.3: Tabla de actividades a visualizar en la cronología.

siguientes actividades, una en cada renglón: *Escribir propuesta, Desarrollar tema, Revisión técnica, Escribir índice y otros, Revisión del manuscrito, Pruebas finales, Impresión.* Nota que puedes agregar un nuevo renglón simplemente presionando *Enter* después de ingresar cada actividad. También puedes agregar un nuevo renglón a la tabla, presionando **+New** *(+Nuevo)* ubicado al final de la misma. La tabla debe lucir como la Figura 7.3.

Una vez que hayas ingresado las diferentes actividades a realizar para completar el proceso de publicación del libro. Observa que al mover tu cursor encima de cada actividad aparece un recuadro con la palabra **OPEN** *(Abrir)*, indicando que cada elemento de dicha columna es a su vez una página que se puede abrir, para agregar más información y ajustar sus propiedades como lo hemos visto previamente.

Si das clic en **Open** *(Abrir)*, se abre una nueva ventana, que tiene como título el nombre de tu tarea o evento y además incluye las propiedades: **Assign** *(Asignar a),* **Date** *(Fecha)* y **Status** *(Estatus).* Puedes cambiar los nombres de estas. Da clic encima de cada palabra. Se abrirá un campo de texto, escribe ahí el nombre correspondiente a cada propiedad en español (Fig. 7.4).

Es importante que la propiedad de *Fecha (Date)* contenga la fecha en el cual se realizará dicha tarea, ya que si se encuentra vacía, dicha actividad no será visible en la cronología. Por esta razón es posible que algunas de estas actividades incluyan alguna fecha por default, así que ten cuidado de ajustar las mismas de acuerdo a tu proyecto. En nuestro caso vamos a agregar los siguientes rangos de *tiempo, suponiendo que comenzamos el día de hoy nuestro proyecto: Escribir propuesta (3 semanas) Desarrollar tema (3 meses), Revisión técnica (2 semanas), Escribir índice y otros (1 semana), Revisión del manuscrito (2 semanas), Pruebas finales (3 semanas), Impresión (3 semanas).*

Figura 7.4: Propiedades de una página de una línea de tiempo.

Para agregar un rango de tiempo a cada una de estas actividades. Abre la actividad que deseas ajustar, una vez en la página correspondiente, ubica la propiedad de **Fecha** *(Date)*, presiona donde dice **Empty** *(Vacío)* o donde tal vez aparezca una fecha por default. Aparecerá el menú de calendario que ya conoces. Activa la opción **End date** *(Fecha de terminación)* debajo del calendario. Aparecerán dos campos para fechas en la parte superior del menú.

Selecciona el primero de ellos que corresponde a la fecha de arranque y luego en el calendario selecciona el día en que dará inicio. Puedes moverte a través del mismo usando las flechas < >, hasta que encuentres el día y mes correctos. Después ubícate en el segundo campo de fecha de la parte superior y selecciona la fecha de terminación en el calendario de manera similar. Así determinarás el rango de tiempo dedicado a la actividad en la línea cronológica. Realiza este ajuste para cada una de las actividades descritas previamente. Considera que si en alguno de tus proyectos requieres especificar una hora de inicio y terminación, puedes activar la opción **Include time** *(Incluir hora)* en la parte baja del menú. Verás que en la parte superior junto a los campos de fecha, aparecerán los campos para agregar las horas correspondientes. Ajústalos según te convenga y listo. En nuestro ejemplo no es necesario agregar la hora de realización.

Una manera alternativa de agregar un rango de tiempo a la línea cronológica es, ubicándote en el renglón que acabas de agregar y luego moviendo el cursor horizontalmente hacia el inicio de la línea de tiempo. Notarás que aparece un recuadro sombreado que se mueve a lo largo de la misma. Utilizando tu apuntador ubícate en la fecha en la que quieras iniciar la actividad y da clic. El recuadro se fijará en el punto determinado. Después puedes ajustar el rango de tiempo, arrastrando cualquiera de los dos extremos del recuadro ya sea a la izquierda o derecha para ajustar la duración exacta proyectada para tu tarea. Incluso si no estás mostrando la tabla en tu línea de tiempo, puedes usar este método. Ya que el indicador **+New (Nuevo)** aparece en este caso, al fondo de la línea de tiempo. Simplemente mueve tu cursor encima de este comando (o a lo largo del último renglón) e inmediatamente aparecerá el recuadro que puedes mover a lo largo de la línea y ubicarlo donde prefieras, como describimos anteriormente.

Una vez que hayas agregado el rango de tiempo sugerido a cada una de las actividades de la tabla, tu línea de tiempo debe ser similar a la Figura 7.5.

Figura 7.5: Línea de tiempo *Mi Libro*.

La tabla en una cronología

Hasta ahora la tabla de tu línea de tiempo solo muestra una columna, la columna *Name (Nombre)* donde se describen las actividades a realizar. Pero puedes hacer visibles otras columnas que contienen otro tipo de propiedades.

Revisemos primero el resto de propiedades que se incluyen por default cuando se agrega una actividad a la línea de tiempo. Abre la primera actividad de la tabla, *Escribir propuesta,* da clic en **Open (Abrir).** Ahí verás las propiedades ya existentes:

Asignar a **(Assign):** Se utiliza para definir a qué persona se le asignará dicha actividad, por el momento está vacía. Si das clic en el campo correspondiente solo verás tu nombre en la lista de personas a elegir, es necesario formar parte de un equipo o haber agregado invitados para poder escoger a otra persona. Puesto que tú vas a realizar la propuesta, selecciona tu nombre.

Fecha **(Date):** Como ya se mencionó, es donde se establece el periodo de realización de cada actividad.

Estatus **(Status):** Donde se registra el grado de avance de la actividad correspondiente, por default está vacío, pero contiene tres etiquetas de donde escoger: **Completed** *(Completado)*, **In progress** *(En progreso)* y **Not started** *(No iniciado).* Estas etiquetas se pueden modificar como vimos previamente. Hagámoslo para ponerlas en español. Da clic sobre el campo *vacío* **(empty)**, verás la lista de las tres etiquetas, mueve tu cursor por encima de ellas y a la derecha verás un menú de *Tres Puntos (...)* en cada una de ellas, da clic en este y aparecerá el menú donde podrás cambiar el nombre y si lo deseas también podrás escoger el color. Por ahora mantén el mismo color, solo cambia los nombres. Sustituye **Completed** por *Completado* (verde), **In progress** por *En progreso* (amarillo) y **Not started** por *No iniciado* (rojo). Al hacer esto las etiquetas se modificarán también, para el resto de las acciones en la línea de tiempo (Fig. 7.6).

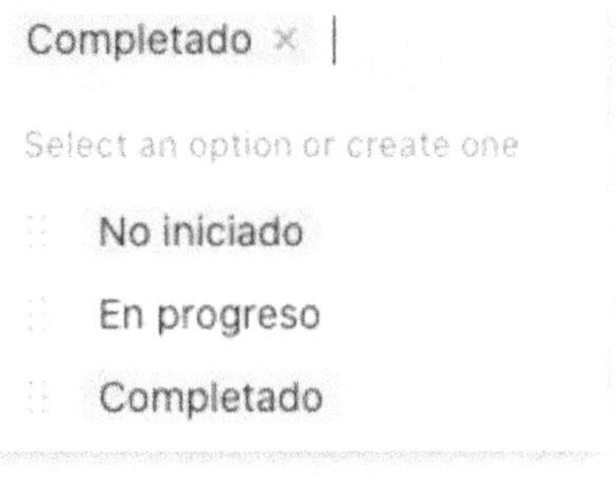

Figura 7.6: Menú de etiquetas en columna *Estatus.*

Puedes agregar más propiedades si lo deseas. En esta cronología vamos a agregar una columna más para ir registrando el avance. Dentro de la página correspondiente a *Escribir propuesta*, al fondo de la lista de propiedades, da clic en **+ Add a property (+** *Agregar una propiedad),* se abrirá el campo de propiedades que ya conoces. Aquí puedes nombrar la nueva propiedad. Llama *Avance* a la nueva columna y asigna **Checkbox** *(Casilla de verificación)* como *Tipo de propiedad* (Property type). Aparecerá una columna.

Una vez que agregues una o más propiedades a tu actividad, puedes reacomodarlas dentro de la sección de propiedades, sujetándolas por el indicador del *Menú Múltiple* ⁞⁞ y moviéndolas hacia arriba o abajo. Además de las propiedades, puedes ajustar otras secciones de la página como: ícono, portada, comentarios, etc. como en cualquier otra página.

Da clic fuera para salir de la página de *Escribir propuesta* y regresar a la línea de tiempo. Notarás que estas propiedades no aparecen en la misma. Para verlas en la tabla o en la línea cronológica debes visitar el menú **Properties** *(Propiedades),* arriba a la derecha de la línea de tiempo. Primero asegúrate que **Show table** *(Mostrar tabla),* en la parte superior del menú, esté activado, de lo contrario no verás la tabla ni sus opciones. Una vez confirmado esto, verás dos secciones: **Show in table** *(Mostrar en tabla)* y **Show in timeline** *(Mostrar en línea de tiempo).* Cada sección contiene una lista las

Aa Actividad	◎ Estatus	☑ Avance
Escribir propuesta	Completado	☑
Desarrollar tema	En progreso	☑
Revisión Técnica	No iniciado	☐
Escribir Índice y otros	No iniciado	☐
Revisión del manuscrito	No iniciado	☐
Pruebas finales	No iniciado	☐
Impresión	No iniciado	☐
+ New		
COUNT 7	COUNT 7	CHECKED 28.571%

Figura 7.7: Tabla en la cronología con columnas *Estatus* y *Avance* visibles.

propiedades existentes, simplemente activa las propiedades que desees ver en cada sección y estas aparecerán, ya sea en la tabla (como nuevas columnas) o se mostrará la información dentro del recuadro correspondiente en la línea de tiempo.

Para continuar nuestro ejemplo, vamos a hacer visible las columnas de *Estatus* y de *Avance* en la tabla. Ve al menú **Properties (Propiedades)** y en la sección ***Mostrar en Tabla*** (**Show in table**) activa las columnas *Estatus* y *Avance*, dichas columnas aparecerán de inmediato en tu tabla (Fig. 7.7).

Sal del menú y regresa a la tabla. Agrega una etiqueta de *Estatus* a cada evento, dando clic en la casilla correspondiente y eligiendo de entre las tres opciones que modificaste previamente: A *Escribir propuesta*, asígnale la etiqueta de *Completado;* a *Desarrollar tema* asígnale *En progreso* y al resto asígnales *No iniciado.* En la columna de *Avance* checa la casilla de verificación en los dos primeros renglones, correspondientes a *Escribir Propuesta* y *Desarrollar Tema.* El resto de los eventos que aún no han iniciado déjalos sin verificar. De esta manera podrás visualizar rápidamente en la tabla, cuantas tareas están todavía por completar y te servirá también para crear filtros que te muestren por ejemplo, solo las tareas no iniciadas todavía, como lo veremos más adelante.

Ajustando la escala de tiempo

Una muestra de la versatilidad de las líneas de tiempo en Notion, es que puedes ajustar las unidades de tiempo que deseas manejar en la misma para visualizarla mejor. Las cuales pueden ser desde horas hasta años, para que las ajustes exactamente como lo necesites. En el lado derecho de la cronología, verás un menú con una unidad de tiempo (**Year, Month, Day, etc**), a la izquierda de la palabra Today (Hoy) (Fig. 7.8). Al dar clic,

Figura 7.8: Menú para el ajuste de unidad de tiempo.

verás las diferentes opciones que contiene: **Hours** *(Horas)*, **Day** *(Día)*, **Week** *(Semana)*, **Bi-week** *(Quincenas)*, **Month** *(Mes)*, **Quarter** *(Trimestre)*, **Year** *(Año)*. Escoge el que se acomode mejor a tus planes y la línea de tiempo se ajustará inmediatamente para mostrar tus proyectos actuales en la escala de tiempo requerida. En nuestro ejemplo, como el proyecto abarca varios meses, escoge **Year** *(Año)* como escala (Fig. 7.8) y la línea se ajustará mostrando varios meses a la vez.

En un proyecto complejo es posible que tengas que agregar una gran cantidad de actividades a corto, mediano y largo plazo, puede ser que en algún momento, al navegar por la línea de tiempo, te alejes demasiado de la fecha actual, para regresar fácilmente, simplemente da clic en **Today** *(Hoy)*, arriba a la derecha en la línea de tiempo y la cronología regresará instantáneamente al momento actual.

El Menú Múltiple ⁚⁚

Una vez que has agregado los diferentes proyectos a la línea de tiempo, tienes la opción de modificarlos, por medio del *Menú Múltiple* ⁚⁚, ya sea dando clic en el indicador ⁚⁚ a la izquierda de cada actividad en la tabla o si no estás mostrando la tabla, dando clic derecho en el recuadro de la línea de tiempo, correspondiente a cada actividad. Este menú de opciones incluye las opciones comunes que ya conoces como: *Delete (Borrar)*, para eliminar una actividad de la línea de tiempo; *Duplicate (Duplicar)*, para crear una copia del mismo en el renglón inferior; *Copy link (Copiar enlace)*, para crear un enlace a la página correspondiente a dicho proyecto; *Rename (Renombrar)* para cambiar el nombre de la actividad y *Move to (Mover hacia)*, que te permite mover el proyecto hacia otra página, donde aparecerá como una subpágina.

Además, contiene algunas opciones más específicas, como: **Edit property** *(Editar propiedad)*, la cual abrirá directamente la lista con las propiedades de tus eventos, donde podrás ajustarlas según requieras, como hemos visto previamente. Si quieres modificar varios proyectos simultáneamente, puedes seleccionar los renglones o recuadros de la línea de tiempo que quieras modificar y dar clic derecho para abrir el menú de opciones.

Ajustando la línea de tiempo

Dentro de tu línea cronológica también puedes cambiar el orden de las actividades que hayas agregado, simplemente arrástralas y colócalas en el lugar que prefieras. Puedes sujetar el recuadro correspondiente a cada actividad dentro de la línea de tiempo y arrastrarlo a otro renglón, ya sea hacia arriba o hacia abajo. Así mismo, puedes arrastrar los renglones en la tabla. Sujeta el renglón correspondiente desde el indicador :: y arrástralo arriba o abajo según lo requieras para modificar el orden de los renglones.

También puedes modificar el orden de las columnas en la tabla. Sujeta la columna desde su encabezado y muévela al lugar que desees, este ajuste también reordenará el orden de la lista de propiedades dentro de las páginas de tus actividades. Puedes también ajustar el ancho de las columnas sujetándolas desde los bordes del encabezado y arrastrándolas hacia la izquierda o derecha, hasta que tengan el tamaño deseado. Si deseas cambiar el título de una columna, solo da clic derecho sobre este y aparecerá el menú con el campo correspondiente al nombre de la columna, donde podrás modificarlo, así como el tipo de propiedad de la misma.

Filtrando datos en una cronología

Si deseas filtrar tus datos de tal manera que solo sean visibles ciertos eventos. Presiona **Filter** *(Filtrar)* en la parte superior derecha. Selecciona **+ Add a filter** *(Agregar un filtro)* un par de veces. Escoge la propiedad o columna que quieres filtrar. Elige la condición que quieras usar, entre las siguientes opciones: **Is** *(Es)*, **Is not** *(No es)*, *Contains (Contiene)*, *Does Not contains (No contiene)*, *Starts with (Empieza con)*, *Ends with (Termina con)*, *Is empty (Está vacío)*, *Is not empty (No está vacío).* Define el valor de la propiedad que quieres visualizar, puede ser una etiqueta, una fecha, etc.

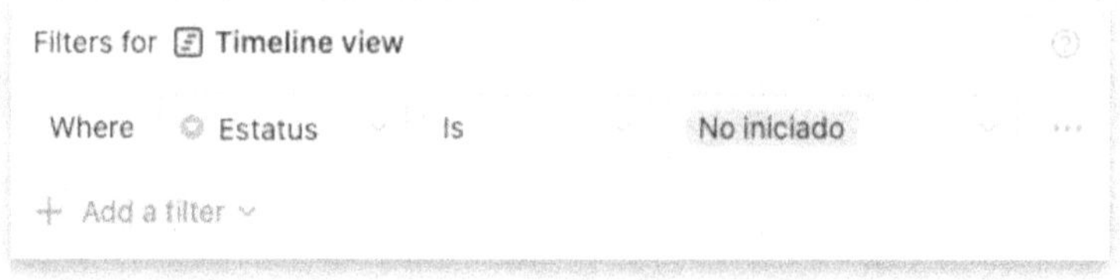

Figura 7.9: Menú Filter (Filtrar) de acuerdo a *Estatus* de *No iniciado*.

Continuando nuestro ejemplo, vamos a filtrar de acuerdo al estatus de las actividades programadas. Queremos visualizar solo las acciones que están pendientes todavía. Para esto, da clic en el menú **Filter (Filtrar)**, Presiona **+ Add a filter** *(Agregar un filtro)* y nuevamente en el submenú que se abre, aparecen algunas columnas con opciones desplegables. La primera, **Where** *(Donde)* te presenta las distintas columnas de tu cronología, del menú desplegable selecciona la columna de *Estatus*. Del segundo menú desplegable, selecciona **Is** *(Es)* y del tercer menú selecciona *No iniciado*, ya que queremos ver solo las actividades que aún no han comenzado (Fig. 7.9). De inmediato verás que los renglones que contienen las etiquetas *Completado* y *En progreso*, desaparecen, dejando solo los renglones con la etiqueta *No iniciado* visibles. De esta manera puedes detectar rápidamente las acciones que faltan por realizar en un proyecto más complejo (Fig. 7.10).

Mi libro

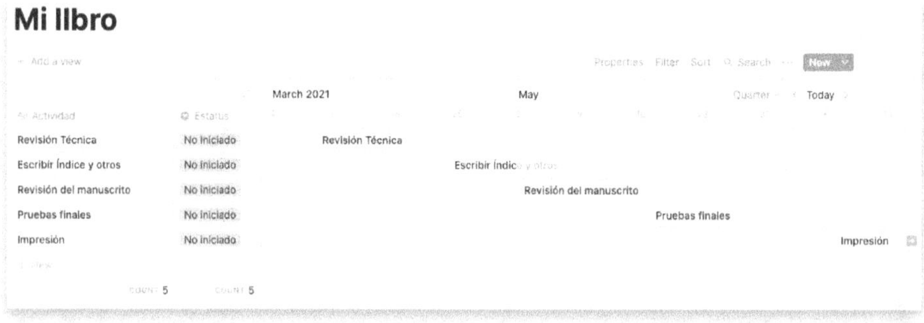

Figura 7.10: Línea de tiempo con datos filtrados de acuerdo a *Estatus (No iniciado)*.

Si deseas agregar más de un filtro, puedes hacerlo repitiendo este proceso, así tendrás varios filtros actuando simultáneamente. Si deseas eliminar un filtro, da clic en el menú de *Tres Puntos (...)* correspondiente a cada filtro y selecciona **Delete** *(Borrar)*.

Ordenando datos en una línea cronológica.

También puedes ordenar tus datos de manera ascendente o descendente de acuerdo a alguna propiedad en particular. Da clic en el menú **Sort** *(Ordenar)* en la parte superior derecha de la línea de tiempo y después en **+ Add a sort** *(+ Agregar un orden).* Escoge la propiedad, *Ascendente* (Ascending) o *Descendente* (Descending) y la línea de tiempo se ordenará inmediatamente según lo indicado. Recuerda que si quieres ordenar por etiquetas, estas siguen el orden en que han sido agregadas a la columna. Puedes también aplicar más de una instrucción de orden simultáneamente en tu línea de tiempo, dependiendo de cómo tengas organizados tus datos en la lista. Si deseas eliminarla posteriormente, solo ve al menú **Sort** *(Ordenar)* y selecciona la **x** para borrarla.

Búsqueda en la línea de tiempo

Si has agregado una gran cantidad de eventos en tu línea cronológica, seguramente tendrás la necesidad de buscar uno en particular en determinado momento, afortunadamente puedes buscar en tu Timeline de manera muy sencilla. Simplemente da clic en el menú **Search** *(Búsqueda)* en la parte superior derecha de la línea de tiempo y escribe tu término de búsqueda, conforme vayas tecleando irán apareciendo solo los renglones de las actividades que contengan dicha palabra.

Enlaces directos

Si deseas crear un enlace directo hacia una vista en particular de tu línea de tiempo para compartirlo con alguien más. Selecciona el menú *Tres Puntos (...)* en la parte superior derecha de la línea cronológica y selecciona **Copy link to view** *(Copiar enlace a esta* *vista)*, se copiará la dirección de la línea de tiempo, incluyendo sus filtros y ordenes agregados.

Si deseas crear un enlace directo hacia una actividad en particular de tu línea de tiempo, da clic derecho sobre el recuadro del evento correspondiente y selecciona **Copy link** *(Copiar link),* el enlace te llevará directamente a la página del evento correspondiente

Cálculos en la tabla

Si tu cronología incluye una tabla, en la parte baja de la misma, se muestra información sobre los datos contenidos en cada columna. Si mueves tu cursor por debajo del último renglón, verás que aparece la palabra **Calculate** *(Calcular)*, este menú aparece debajo de cada una de las columnas. En él verás diferentes opciones de cálculos, las opciones dependen del tipo de propiedad de cada columna y te brindarán mayor información cobre el contenido de los datos.

Alguna de las opciones de cálculos a realizar, en el caso de fechas, son:

None (Ningún cálculo), **Count all** (Contar total de renglones), **Count values** (Contar renglones con valores), **Count unique values** (Contar renglones con valores únicos), **Count empty** (Contar renglones vacíos), **Count not empty** (Contar renglones no vacíos), **Percent empty** (Porcentaje renglones vacíos), **Percent not empty** (Porcentaje renglones no vacíos), **Earliest date** (Fecha más antigua), **Latest date** (Fecha más reciente), **Date range** (Periodo de ingreso de Datos).

Si tienes una propiedad de fecha, como **Last edited** *(Última Edición)* o **Created time** *(Fecha de creación).* Puedes elegir la fecha más antigua de cuando fue editado o creado un proyecto, por ejemplo, hace 2 meses, para que tengas una idea de cuánto tiempo ha transcurrido desde que inicio tu proyecto.

Si en lugar de fechas estas trabajando con columnas que contienen valores numéricos, se te presentarán opciones para realizar algunos cálculos matemáticos, como: **Sum** (Suma), **Average** (Promedio), **Median** (Mediana), **Min** (Valor Mínimo), **Max** (Valor Máximo): **Range** (Rango, al valor máximo le resta el valor mínimo).

En el caso de nuestra cronología de ejemplo. Ve a la columna *Avance* en la tabla lateral, mueve tu cursor por debajo del último renglón. Aparecerá la palabra **Calculate** *(Calcular)* con una flecha que despliega el menú de opciones previamente descritas. Selecciona **Percent unchecked** *(Porcentaje no marcado),* aparecerá el resultado del cálculo, indicado como *Unchecked 71.429%*, este es el porcentaje de actividades no realizadas todavía. Aunque no indica el porcentaje de tiempo requerido para llevarlas a cabo, ya que *Desarrollar Tema* es la actividad que requiere una mayor cantidad de tiempo.

En proyectos más complejos, con una mayor cantidad de acciones, este tipo de cálculos te puede ayudar a tener una idea de la magnitud de trabajo realizado y del que falta por realizar para concluir un proyecto. Estos cálculos te ayudarán tener un mejor entendimiento de tus proyectos y te permitirán a enfocar tus esfuerzos donde más los necesites.

Capítulo 8

Usando Plantillas

Una de las maneras más sencillas y practicas para empezar a usar Notion de inmediato es arrancar un proyecto usando una plantilla o formato (template). Notion te ofrece más de 50 modelos de plantillas que puedes implementar en tus proyectos. Además de contar con un depósito de formatos creados por la vibrante comunidad de Notion, que continuamente agrega más de estos, para ser usados en múltiples áreas como: gestión del tiempo, salud, viajes, lectura, finanzas personales, comida y un gran etcétera.

Insertando una plantilla

Usar una plantilla es muy simple. En la parte baja de la *Barra Lateral*, encontrarás la opción de **Templates** *(Plantillas).* Al dar clic te llevará a la ventana de selección de plantillas. Si creas una página desde esta opción, la página creada, aparecerá en el menú principal de la *Barra Lateral*, en la sección de páginas privadas (**Private**).

Otra manera de hacerlo, como hemos visto previamente, es crear una página nueva en la ubicación que desees y luego en el menú de opciones que aparece ahí mismo, escoges la opción **Templates** *(Plantillas)* para que la plantilla se inserte en dicha página.

En cualquiera de los casos, al presionar **Template** *(Plantilla)*, aparecerá una ventana (Fig. 8.1) en la que verás, del lado derecho, una

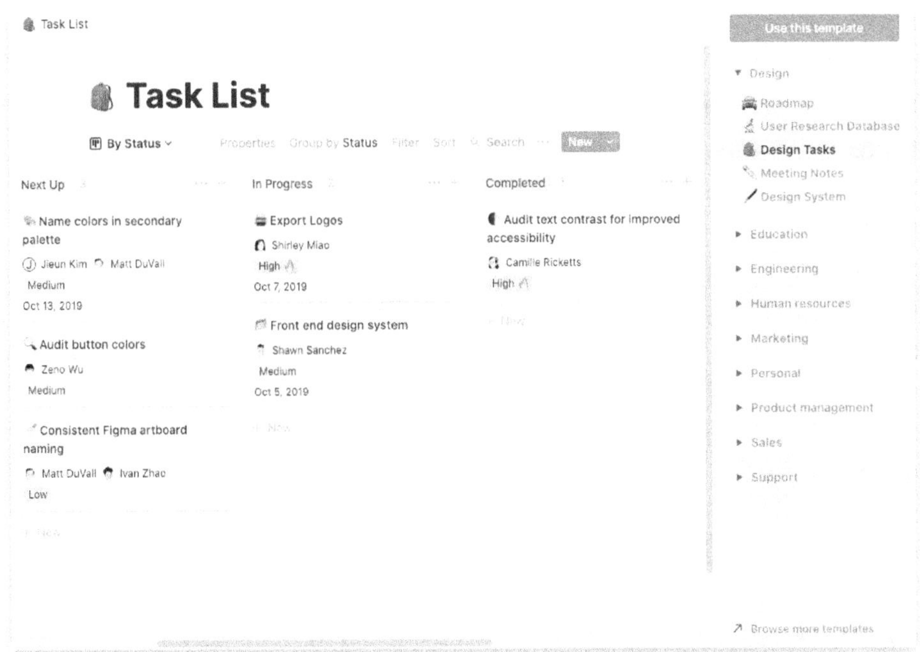

Figura 8.1: Ventana de selección de *Plantillas* (Templates).
Menú de selección por área (*Der.*). Vista previa de la plantilla (*Izq.*).

lista de plantillas o formatos preestablecidos de páginas, divididos en las diferentes categorías. Entre las que podemos mencionar: *Diseño* (Design), E*ducación* (Education), I*ngeniería* (Engineering), *Recursos humanos* (Human Resources), *Mercadotecnia* (Marketing), P*ersonales* (Personal), *Gestión de productos* (Product Managment), *Ventas* (Sales) y *Soporte técnico* (Support). Si das clic en cualquiera de estas plantillas, te mostrará la vista previa del formato al lado izquierdo de la ventana, para que evalúes en que consiste y si te es de utilidad. Por mencionar solo tres ejemplos; en la categoría **Personal** (Personal), puedes encontrar el formato de un *Blog* (Blog post), con encabezados, iconos y fotos, listo para que lo modifiques y agregues tu propio contenido. En la sección de **Ventas** (Sales), encontrarás el formato de una base de datos para llevar el *Registro de Clientes* (Sales CRM) y en la sección de **Educación** (Education) encontrarás un *Calendario de*

Cursos (Course Schedule), donde podrás programar tus clases, tareas y proyectos si eres estudiante.

En la parte inferior del menú se encuentra el enlace **Browse more templates** *(Ver más plantillas)* que te llevará a la galería de plantillas, que es un depósito de formatos, creados y compartidos por la comunidad de Notion, para una gran variedad de usos. Es recomendable que lo revises detenidamente, para que te des cuenta de la gran variedad de aplicaciones que puedes darle a Notion. Entre la gran variedad existente, es muy probable que encuentres el formato que necesitas para algún proyecto.

Una vez que localices el formato de tu interés, presiona el gran botón azul de la parte superior con la leyenda **Use this template** *(Usar este formato)* (Fig. 8.1) para agregarlo a la página que recién creaste. El formato aparecerá ahora como contenido de la página. Algunos de los formatos contienen instrucciones, distribuidas a lo largo de la página, donde explican cómo están organizados y la mejor manera de utilizarlos. Estas instrucciones, una vez que las leas, pueden ser borradas, como cualquier otra sección de una página, para que no interfieran con tu contenido.

En el caso de las bases de datos, las instrucciones aparecen en una sección llamada **Description** *(Descripción)* ubicada por debajo del título principal de la página (Fig. 8.2), que consiste en unas líneas de texto (en inglés) con una breve explicación del funcionamiento de la misma. Esta descripción no se puede borrar, pero es posible ocultarla.

Figura 8.2: Descripción de uso de una plantilla de base de datos.

Para hacerlo, mueve tu cursor por encima del título de la página y verás que aparece la opción **Hide description** *(Esconder descripción)*, al dar clic la misma se ocultará. Si quieres verla nuevamente, mueve tu cursor encima del título nuevamente, ahora verás el texto **Show description** *(Mostrar descripción)*, da clic y esta aparecerá nuevamente.

Una vez que tienes la plantilla en tu página, puedes empezar a modificar todos y cada uno de los elementos: portada, ícono, texto y fotografías. En el caso de las bases de datos, puedes sustituir los ejemplos por tu propia información, agregar columnas, filtrar, ordenar y agregar vistas como en cualquier otra base de datos. No hay límites para borrar, copiar o modificar los formatos de la manera que desees.

Cabe mencionar que cuando creas una nueva cuenta en Notion, en la *Barra Lateral* se incluyen algunas páginas de plantillas, a manera de ejemplos, puedes usar estas páginas si así lo deseas o puedes eliminarlas si no te interesan.

Creando un blog desde una plantilla

Para practicar el uso de plantillas, vas a crear un Blog a partir de una de ellas. Ve a tu *Centro de Control*, luego a la sección *Blog* y después a la página *Post 1* que creaste previamente. Una vez en ella, selecciona la opción **Templates** *(Plantillas)* que aparece en medio de la página, verás que aparece la ventana de selección de plantillas. En el menú del lado derecho aparecen las diferentes áreas en que están organizados estos formatos. Tómate un momento y explora las diferentes opciones que cada sección ofrece, encontrarás uno o varios que te pueden ser útiles en el futuro.

Abre la opción **Personal** *(Personal)*, se desplegará la lista de formatos disponibles, en la que está **Blog Post** *(Publicación de Blog)*. Selecciónala (Fig. 8.3), en el lado izquierdo de la página aparece una vista previa de la misma. Puedes moverte con tu cursor a lo largo de ella para verla por completo y revisar su contenido. Presiona el botón azul, **Use this template** *(Usar esta plantilla)*, para que el contenido de la misma se inserte en tu página.

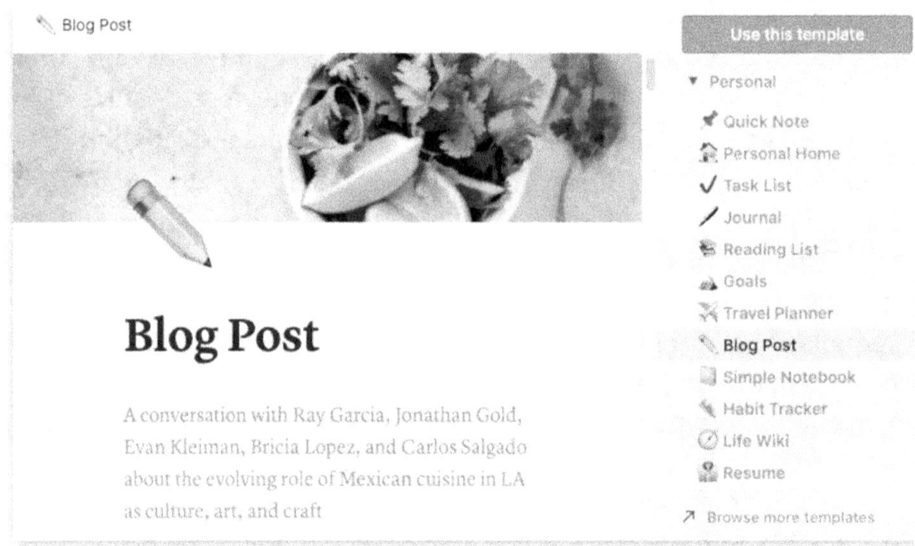

Figura 8.3: Plantilla de una publicación de blog.

La página ahora se llama *Blog Post*, tiene una foto de portada, una pequeña presentación del tema (en color gris), un link a la página original y fotos en el interior de la misma. Observa que cada párrafo son bloques individuales de texto a los cuales se les puede dar color y formato individualmente, como ya lo vimos. El texto de la página puede ser modificado, insertando en su lugar tu propio contenido, puedes darle los colores y el formato que prefieras (Fig. 8.4).

Las fotos, con sus respectivas descripciones, están insertadas a ambos lados del texto. Nota que el **Menú Múltiple**⠒ incluye la opción **Replace** *(Remplazar)*, que te permite escoger otra imagen, usando el *menú de imágenes*

Figura 8.4: Imagen incluida en la plantilla de blog, que se puede reemplazar.

84

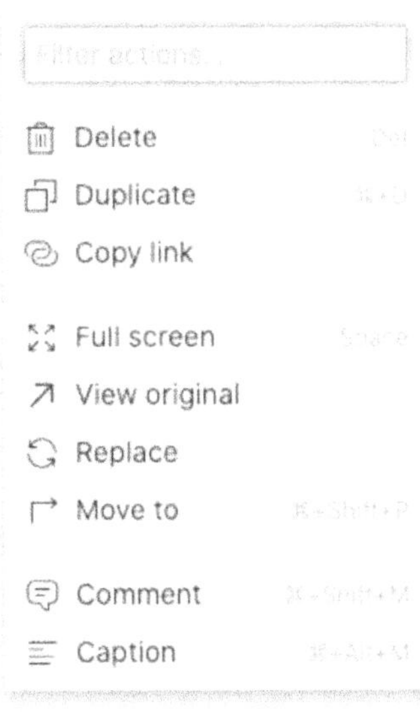

Figura 8.5: *Menú Múltiple* :: en una imagen de plantilla.

que ya conoces. La inserta en la misma posición, sin alterar el diseño general, mantendrá incluso la misma descripción, aunque seguramente necesitarás agregar una diferente, pero esto te será útil cuando estés probando diferentes fotos dentro de tu propio texto (Fig. 8.5).

Usar un template te puede ahorrar el trabajo de diseñar una nueva página, ya que todo el formato de la misma está listo para usarse y tú te puedes enfocar solamente en agregar el nuevo contenido y ser productivo. En este ejemplo hemos creado una página de *Blog* a partir de un formato, pero seguramente te preguntarás ¿De qué me sirve crear un blog dentro de Notion, si nadie lo puede ver? Pues bien, en la siguiente sección te mostraré como puedes compartir una página o una sección entera de Notion con un colaborador cercano, con un grupo de trabajo o ¡Con el mundo entero!

Capítulo 9

Trabajando en Equipo

Una de las funcionalidades más importantes cuando estás trabajando es sin duda poder compartir el trabajo realizado con otras personas. Notion te permite compartir toda la información que creas dentro de sus páginas, ya sea con una o varias personas; desde tu pareja o un colaborador, hasta cientos de empleados en una compañía o si lo prefieres, todo el mundo, por medio de un post público

Si eres usuario de un plan personal gratuito, por default todas tus páginas estarán en la sección **Private** *(Privada)* y no verás la sección **Workspace** *(Espacio de Trabajo)*, hasta que compartas por lo menos una página con otra persona, es decir, que agregues un invitado. Al hacerlo se creará la sección **Workspace** en la **Barra Lateral** y la página se ubicará en esa sección. Las cuentas con un plan personal gratuito pueden tener hasta cinco **Invitados** *(Guest)*. Puedes agregar y quitar invitados conforme a tus necesidades para mantenerte dentro del límite permitido. Si deseas compartir con un mayor número de personas puedes cambiar a un plan de pago.

Compartiendo páginas con un invitado

Sl quieres compartir una página de manera ocasional, lo mejor es hacerlo agregando al receptor como invitado. En la parte superior derecha de cada página encontrarás el menú **Share** *(Compartir)* (Fig. 9.1). Da clic en el y se abre el menú correspondiente mostrando dos opciones: **Share to the web** *(Compartir en la web)* y abajo verás un campo de texto con un botón azul con la leyenda **Add people** *(Agregar gente)* (Fig. 9.1). Presiona este botón para agregar a un invitado. La ventana se modifica y aparece un campo de texto con la leyenda **Search name or email** *(Buscar nombre o email)* y abajo de este aparece una lista de personas con las cuales puedes compartir información, por el momento, como aún no has invitado a nadie, la única opción a seleccionar que verás, eres tú mismo, pero conforme lo vayas haciendo tus colaboradores aparecerán en este espacio.

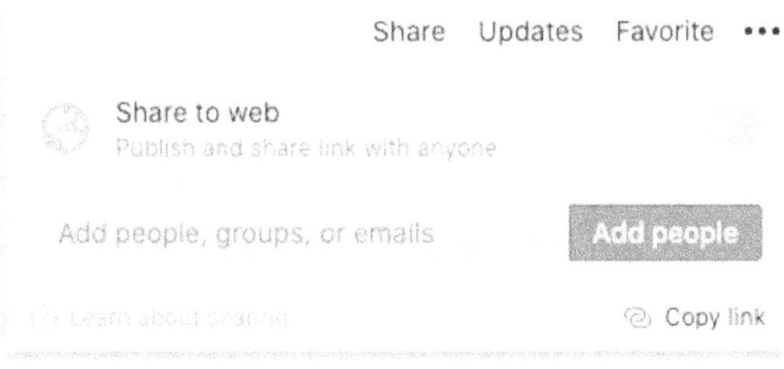

Figura 9.1: Menú *Compartir* (Share).

En el campo de texto escribe el email de la persona que quieres invitar, verás que a la derecha del mismo campo, hay una flecha que abre un menú con las opciones del nivel de acceso que puedes darle a tu invitado (Fig. 9.2), que se describen a continuación:

Full access *(Acceso completo):* Esta opción está restringida a cuentas *Personal Pro* o superiores. Con este nivel de acceso, los invitados pueden editar y compartir a su vez con otros invitados dicha página.

Can Edit *(Puede editar):* Es decir que la persona invitada puede editar secciones de la página, pero no puede compartirla.

Can comment *(Puede comentar):* En este nivel, los invitados pueden leer y agregar comentarios, pero no pueden editar o compartir.

Can view *(Pueden ver)*: El nivel más bajo, el invitado solo puede leer la página, pero no puede comentar, editar o compartir.

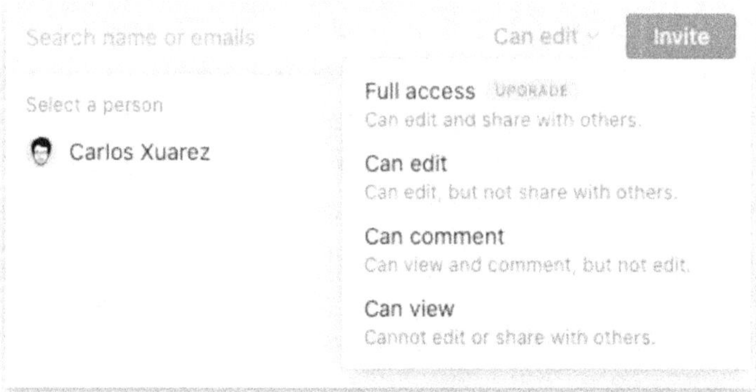

Figura 9.2: Menú de selección del nivel de acceso de invitados a una página.

Selecciona el nivel de acceso que quieres dar a tu invitado y presiona el botón azul de **Invite** *(Invitar)*, al hacerlo, tu colaborador recibirá un email con una invitación, la cual contiene un enlace para que pueda visitar la página que le compartes.

Cancelando una invitación

Una vez que has compartido una página, siempre podrás revocar el acceso a la misma. Para esto, visita el menú **Share** *(Compartir),* desde la página compartida. En la parte baja de este, encontrarás a la persona invitada y a la derecha, verás una lista con las opciones de acceso, donde está incluida **Remove** *(Quitar)* que te permitirá revocar el acceso.

Compartiendo información con equipos de trabajo.

Si tienes un plan pagado y la persona es parte de tu equipo, entonces ya es miembro de tu espacio de trabajo. Así que verás su foto de perfil en la lista del menú de invitados. Simplemente selecciónala y podrá ver la página. Al compartir cualquier página, esta aparecerá en la *Barra Lateral* bajo la sección de *Páginas compartidas* (Shared).

Las compañías que requieren tener información disponible entre todo su personal, pueden usar los planes para *Equipo* (Team) o *Empresariales* (Enterprise). Estos planes tienen un costo, el cual puedes revisar en la sección de **Settings & Members > Upgrade**, en la *Barra Lateral*. En estos planes, la sección de *Espacio de Trabajo* (Workspace) aparece por default en la *Barra Lateral*. Si creas una página dentro del *Espacio de Trabajo* (Workspace), automáticamente todas las personas que tengan acceso a dicho espacio podrán ver la página.

Si tienes una página privada que quieres compartir con tu equipo, simplemente ve a la *Barra Lateral* y arrástrala fuera del espacio *Privado* (Private) hacia el *Espacio de Trabajo (Workspace)* y los miembros del equipo podrán acceder inmediatamente a la misma. Otra manera de hacerlo es, colocarte en la página privada que quieras compartir y usando el menú **Share** *(compartir)* ubicado en la parte superior derecha de la misma, activa la opción *Compartir con equipo (Share with team),* la página quedará compartida. Notarás que se mueve de la zona *Privada* (Private) al *Espacio de Trabajo* (Workspace) en la *Barra Lateral*.

Una opción más para compartir una página con tu equipo, es usando la dirección URL de la misma. Cada página en Notion tiene una dirección única, la cual puedes copiar directamente de la barra de direcciones de tu navegador o desde el menú **Share** *(compartir)* ubicado arriba a la derecha de la página. Al abrirlo encontrarás en la esquina inferior derecha la opción **Copy link** *(Copiar enlace),* al presionarlo, la dirección de la página se copiará y podrás compartirla por cualquier medio. Cabe mencionar, que las personas que no tienen acceso a la página no podrán verla, aún teniendo la dirección. Si quieres que tu página la pueda ver todo mundo, tienes que publicarla en la web.

Publicando en internet

Además de las formas de compartir contenido con tus colaboradores que hemos mencionado hasta ahora, Notion tiene también la opción de poder crear y compartir páginas web. Esta funcionalidad te permite que tu página pueda ser vista por cualquier persona, sea o no, usuario de Notion. Puedes publicar lo que desees: Un blog, un catálogo de imágenes, tu currículo, instrucciones para alguna actividad, un calendario de actividades. Lo que desees. ¡Es muy sencillo!

Para hacerlo, vuelve al menú *Compartir* **(Share)** de la parte superior derecha de la página (Fig. 9.3). Activa la opción de *Compartir en la web* **(Share to the web).** En ese instante tu página será publica y tendrá una dirección URL única que puedes compartir con el mundo.

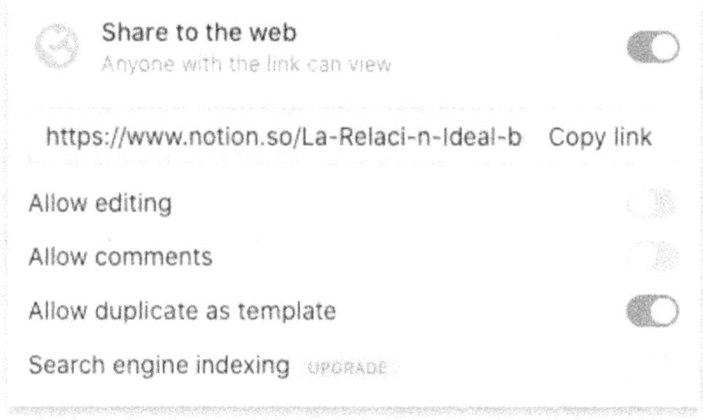

Figura 9.3: Menú para definir nivel de acceso a páginas compartidas en la web.

Un punto importante a mencionar es, que por default todas las páginas que estén anidadas (subpáginas) dentro de una página compartida, también se compartirán y los visitantes podrán navegar por ellas siguiendo los diferentes enlaces. Así que revisa la jerarquía de tus páginas cuando compartas alguna de ellas con la web, para evitar compartir algo que no deseas. Si quieres que una subpágina no sea visible al compartir, visita esa subpágina y desde el mismo menú, ubica que personas tienen acceso a la misma. Selecciona **No access** *(Sin acceso)* y dicha subpágina seguirá siendo privada.

Al activar la opción de compartir una página en la red, puedes configurar también las funcionalidades que aparecen en la parte baja del mismo menú. Desde ahí, puedes permitir que cualquier persona con el enlace lo *pueda editar* (Allow Editing) o que *pueda comentar* en ella **(Allow comments),** activando las opciones correspondientes con los botones azules.

También puedes controlar si quieres o no permitir que otros usuarios de Notion, puedan duplicar la página compartida, para agregarla a sus propios sitios, activando la opción de *Permitir duplicado como plantilla* (Allow duplicate as template) según lo desees. Esta opción es útil cuando creas una plantilla que quieres compartir con otros usuarios.

En los planes pagados, tienes también la opción de permitir que los motores de búsqueda, como Google y otros, indexen tu página para que la gente la pueda buscar desde ahí. Para esto es necesario activar la opción **Search engine indexing** *(Indexar en motores de búsqueda).* Si esto es algo que te interesa hacer, puedes considerar optar por un plan de pago como el Personal Pro.

El sistema de comentarios

Una funcionalidad muy efectiva de Notion para complementar la colaboración y el trabajo en equipo, es el sistema de comentarios que funciona a lo largo de toda la aplicación. Puedes pensar en los comentarios de Notion como una especie de chat, que puedes ir respondiendo a tu propio tiempo, en el que puedes intercambiar ideas con tu equipo. Puedes agregar comentarios en cualquier página, en cualquier bloque de texto, en cualquier imagen o incluso en cualquier palabra. Esto te permitirá emitir opiniones, hacer comentarios y dar instrucciones detalladas, así como recibir retroalimentación, sobre cualquier aspecto de una página, por parte de tus colaboradores.

Comentarios en una página

Agregar un comentario a una página es muy sencillo. Al mover tu cursor por encima del título de la página, verás la indicación **Add comment** *(Agregar comentario)* (Fig. 9.4).

Figura 9.4: Comando para agregar comentarios (*Add comment*) en una página.

Al seleccionar esta opción, aparecerá un pequeño campo de texto debajo del título con la indicación **Add comment** *(Agrega comentario)*, ahí puedes escribir lo que quieras recordar o informar a alguien más. Después de escribir tu comentario presiona el botón azul **Send** *(Enviar) y* tu comentario se publicará en la página (Fig. 9.5).

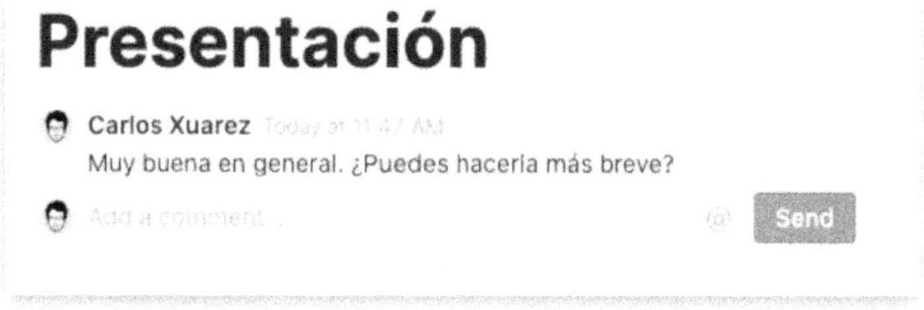

Figura 9.5: Comentario enviado y campo de texto para agregar comentarios.

Insertando menciones en un comentario

Si otras personas tienen acceso a este documento, al presionar la @ a la derecha del campo de texto, te aparecerá una lista de personas a quienes puedes dirigir el mensaje, para esto tienes que haberlos agregado como invitados a esta página o formar parte de tu equipo de trabajo. Al hacer esto, la persona elegida recibirá una notificación, en la sección de **Updates** *(Actualizaciones)*, para que se entere que tiene un comentario dirigido a ella.

También desde @ puedes enviar un enlace a otra página de Notion simplemente comenzando a escribir el título de dicha página. En la Figura 9.6, se puede ver como al comenzar a escribir la palabra *Data* aparece la lista con todas las páginas con ese nombre, de donde puedes escoger el enlace deseado para compartir.

Figura 9.6: Insertando un enlace a otra página de Notion, desde un comentario, usando @.

Una vez que envías un comentario, este podrá ser visto por ti y tus colaboradores. Tú o alguien más puede *Resolver* (Resolve) el asunto, es decir darlo por finalizado una vez que la acción correspondiente se ha realizado, presionando el botón azul **(Resolve)**. Al hacer esto el comentario se minimiza y se va a la sección de *Comentarios resueltos* (Resolved comments), donde queda guardado a manera de registro. Sin embargo desde ahí puedes volver a abrirlo si lo deseas **(Re-open)**. También puedes editarlo o borrarlo definitivamente. desde el menú de *Tres Puntos (...). Editar el comentario* (Edit comment), *Borrarlo* definitivamente (Delete comment) (Fig. 9.7).

Si lo que deseas hacer es esconder los comentarios de la página, aún si no han sido resueltos. Ve al menú de *Tres Puntos (...)* en la esquina superior derecha de la página. Escoge la opción **Customize page** *(Personalizar página)*, después en la opción **Page comments** *(Comentarios de página)*, que por default está en **Expanded** *(Expandidos)*, abre la flecha correspondiente y selecciona **Off**

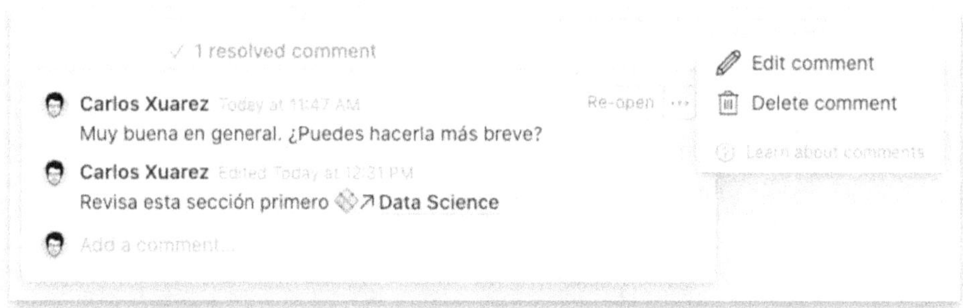

Figura 9.7: Menú *Tres Puntos (...)* para editar (Edit comment) o borrar (Delete comment) comentarios.

(Apagar), el campo de comentarios desaparecerá. Si vuelves a encender los comentarios de tu página los comentarios previos estarán nuevamente visibles. Cabe mencionar que aún apagando los comentarios de una página, estos estarán siempre disponibles en la sección **Updates** *(Actualizaciones)* de cada página, desde donde podrás responder a ellos sin inconvenientes.

Comentarios en bases de datos

En el caso de páginas que contienen bases de datos, no es posible agregar comentarios en la página principal de esta. Sin embargo puedes agregar comentarios en cada elemento contenido en la misma. Para esto, lo que tienes que hacer es abrir la página correspondiente al elemento sobre el que quieres comentar. Encontrarás la sección de comentarios debajo de la lista de propiedades de la página. Cómo se ilustra en este ejemplo de la base de datos *Remodelación* (Fig. 9.8).

Comentarios en bloques de texto

Además de los comentarios que puedes agregar al inicio de una página, donde puedes discutir las generalidades de esta, Notion te ofrece también la opción de comentar sobre cualquier frase o palabra de la página, para hacer comentarios muy específicos. Solo tienes que seleccionar la palabra sobre la que quieres comentar, aparecerá el *Menú de Formato*, desde donde puedes escoger la

94

Imprimir fotos

Figura 9.8: Sección de comentarios dentro de la página
de una base de datos.

opción **Comment** *(Comentar)*, al seleccionarla aparecerá el campo de texto donde puedes escribir tus comentarios, de la misma manera que ya se ha comentado (Fig. 9.9). Puedes escribir tantos comentarios como necesites en cada bloque de texto. Cuando se agrega un comentario a un bloque de texto este se ilumina de color amarillo y el ícono de un globo de conversación aparece a la derecha del bloque indicando el número total de comentarios en el bloque (Fig. 9.9).

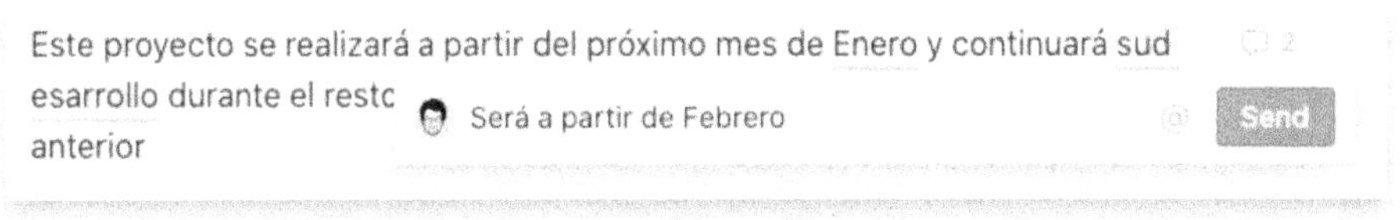

Figura 9.9: Comentario en un bloque de texto.

Para ver el comentario correspondiente, solo da clic sobre la palabra iluminada y el comentario aparecerá. Si quieres hacer un comentario sobre la totalidad de un bloque de texto. Puedes utilizar la opción **Comment** *(Comentar)* que aparece en el *Menú Múltiple* ⠿ de dicho bloque.

Comentarios en imágenes

En el caso de una imagen, para agregar un comentario simplemente presiona el *ícono del globo de conversación* que aparece en la parte superior al mover tu cursor por encima de la imagen. Al hacer esto, verás el campo de texto para escribir tus comentarios, que funciona como ya lo hemos descrito (Fig. 9.10).

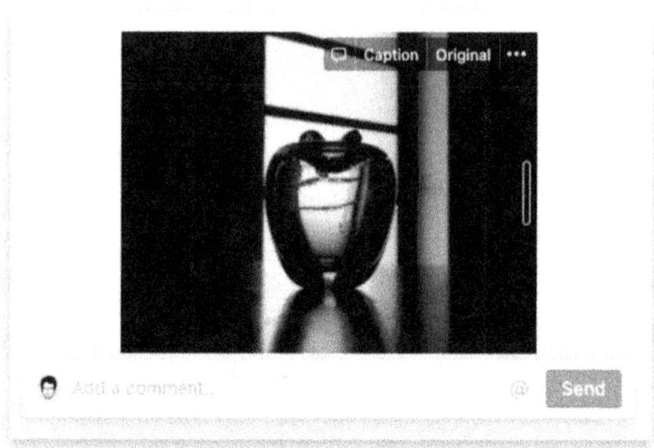

Figura 9.10: Campo para escribir comentarios en una imagen. (*Foto: Carlos Xuárez*)

Actualizaciones

Si formas parte de un equipo de trabajo o tienes varios colaboradores, es probable que recibas una gran cantidad de mensajes desde los diferentes sistemas de comentarios de Notion, por lo que puede llegar a ser más conveniente revisarlos desde un solo lugar.

En cada página de Notion, en la esquina superior derecha (Fig. 1.1), aparece el menú **Updates** *(Actualizaciones)*, este menú te indica las actualizaciones que se han hecho individualmente en cada página. En dicho menú aparecen a manera de lista, todos los cambios que se han hecho a dicha página: cuando se agrega o elimina un nuevo bloque, modificaciones a los mismos, etc.

Desde aquí puedes también revisar los comentarios que se han dejado en esta página. Puedes incluso contestar a los mismos, presionando el botón **Reply** *(Contestar)*, el cual hará que aparezca el sistema que ya conoces, desde donde puedes resolver, editar o borrarlos.

Todas las actualizaciones

En la parte superior de la *Barra Lateral* (Fig. 1.2), se encuentra **All Updates** *(Todas las actualizaciones),* desde esta opción puedes ver todas las actualizaciones que se han hecho en tu cuenta, empezando por la más reciente. La pestaña **All** *(Todas)* te mostrará todos los comentarios que se han agregado en el sistema, así como todos los bloques que se han agregado o eliminado. Desde este sitio puedes responder a todos los comentarios que hayas recibido en las distintas páginas de Notion, si así lo deseas (Fig. 9.11).

Figura 9.11: Ventana mostrando *Todas las actualizaciones* (All Updates)

Inbox *(Bandeja de entrada)* es el sitio donde recibirás mensajes cuando alguien: Te menciona (@), responde a tus comentarios o te invita a seguir una página.

Following *(Siguiendo)* te muestra las actualizaciones de las páginas que estés siguiendo con especial interés. Para seguir una página en particular, simplemente visita el menú **Updates** *(Actualizaciones)* de la misma. Ahí verás un interruptor que te permite activar la opción de *Seguir dicha página* (Follow this page). Mientras esté activo, todos los cambios que se realicen en dicha página aparecerán en esta pestaña.

Archived *(Archivados),* por último, en esta sección, aparecen las notificaciones y recordatorios que ya han sido contestados.

Capítulo 10

Importando Información

Una vez que comiences a usar Notion, seguramente empezarás a sustituir alguna de tus aplicaciones usuales en las que guardabas diferentes tipos de información y querrás consolidar estos datos en Notion. Afortunadamente, Notion hace muy fácil que puedas importar diferentes tipos de documentos desde diversas fuentes.

Entre los tipos más comunes de archivos que puedes importar directamente, están: texto simple (.txt), texto con formato markdown (.md, markdown), archivos de Microsoft Word (.docx), archivos de Microsoft Excel (.xls), archivos de bases de datos (.csv).

Además de poder importar este tipo de documentos directamente desde tu dispositivo, también es posible que importes archivos que tengas almacenados en otras aplicaciones como puede ser Evernote, Google Docs o Dropbox, entre otras.

Importando desde otras aplicaciones

Para importar un archivo directamente a Notion, dirígete a la *Barra Lateral*, al final de la misma encontrarás la opción *Importar* **(Import)**, al seleccionarla aparecerá un menú con diferentes las opciones que se muestran en la Figura 10.1.

Las opciones de la primera columna te permiten importar desde otros organizadores de datos como son Evernote, Trello y Asana.

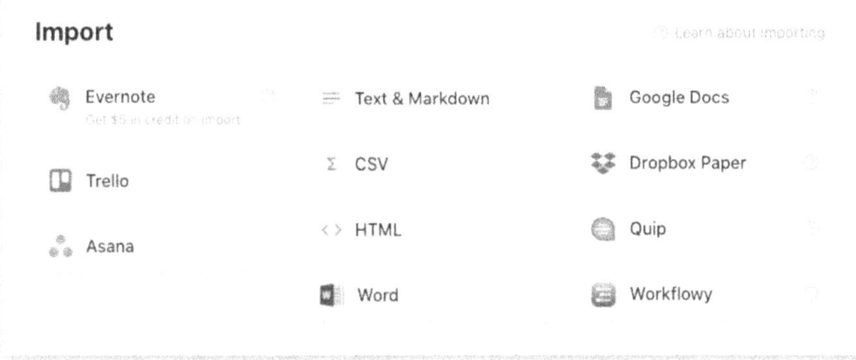

Figura 10.1: Menú de opciones para importar documentos a Notion.

En el caso de Evernote, puedes importar toda tu información en un solo paso y no solo eso, esta se mantendrá organizada, manteniendo la jerarquía que tenias en Evernote. Para hacerlo. Ve a importar y escoge la opción **Evernote**. Te aparecerá la ventana de acceso a Evernote, donde tienes que ingresar tus credenciales y dar autorización a Evernote de que se enlace a Notion. Una vez hecho esto, selecciona las páginas que quieres importar, dando clic en las casillas correspondientes. Presiona **Import** *(Importar)* y ¡Listo! Verás que los cuadernos que habías creado en Evernote aparecen ahora en la *Barra Lateral* de Notion. Una vez ahí podrás organizarlos de la manera que mejor te convenga dentro de tu espacio.

Si eres usuario de Trello o Asana, tendrás que usar la opción correspondiente y un proceso similar, al descrito para Evernote.

Importando archivos

Desde el menú *Importar* (Import), también puedes importar directamente: archivos de texto simple (.txt), texto con formato markdown (.md), archivos de bases de datos con formato CSV, código HTML y archivos de Microsoft Word.

Si tienes alguno de estos documentos, simplemente selecciona la opción correspondiente al tipo de archivo que quieras importar. Te aparecerá una ventana desde donde puedes seleccionarlo. Dale aceptar y se creará una página nueva, que tiene como título, el nombre de tu archivo y el cuerpo de la página contiene la información de tu documento.

Si lo que quieres es importar archivos individuales desde un reservorio de documentos como puede ser Google Docs o Dropbox, también lo puedes hacer, pero tienes que convertirlos primero, el proceso es el siguiente:

En el caso de Google Docs, puedes importar documentos individualmente. Si quieres importar un archivo de texto, haz lo siguiente: Descarga el archivo de Google Drive y guárdalo con formato de Microsoft Word (.docx) en tu computadora. Después ingresa a Notion, ve a la *Barra Lateral*, selecciona importar y escoge importar desde Microsoft Word y selecciona el archivo (.docx) correspondiente.

Si quieres importar un documento desde Dropbox el procedimiento es similar. Primero descárgalo de tu cuenta de Dropbox, guardándolo con formato de Microsoft Word. Después ingresa a Notion, ve a la *Barra Lateral*, presiona *importar* (Import), escoge Importar desde **Word** y selecciona el archivo (.docx) correspondiente.

En el caso de **Quip**, tendrás que descargar el documento individualmente, exportándolo en formato *markdown* o *html* a tu computadora. Después ingresa a Notion, ve a la *Barra Lateral*, da clic en *Importar* (Import), escoge importar desde **Text & Markdown** o **HTML** (según lo hayas exportado) y selecciona el archivo correspondiente.

Finalmente, para el caso de **Workflowy**, puedes exportar todos tus archivos a la vez desde tu cuenta de Workflowy. Descárgalos como texto simple (*.txt*). Después ingresa a Notion, ve a la *Barra Lateral*, entra a *Importar* (Import) y escoge Importar desde **Text & Markdown**, selecciona los archivos correspondientes y listo.

Embebiendo documentos y aplicaciones

Una opción diferente es que puedes embeber un documento de Google Docs en Notion sin necesidad de importarlo. Cuando embebes un documento se inserta toda la interfaz de Google Docs en

Figura 10.2: Invocando el menú para embeber un documento desde Google Drive.

la página. Puedes incluso editar el documento dentro de la propia página de Notion usando la interfaz de Google.

Para hacerlo, colócate en el punto que quieras insertar tu documento, escribe **/drive** para que aparezca a la opción **Google Drive** *Embeb a Google Doc, Google Sheet...* (***Embeber un documento desde Google Drive***) (Fig. 10.2). Al seleccionarla, aparecerá un menú con un campo dónde agregar la dirección URL de un documento de texto (**Google Docs**) o una hoja de cálculo (**Google Sheet**). También puedes escoger *Navegar por Google drive* (**Browse google drive**), para seleccionar el archivo deseado desde el menú (es posible conectar múltiples cuentas de Google). Una vez que has embebido un documento en Notion, puedes ajustar su tamaño arrastrando las líneas que aparecen en las esquinas inferiores.

Además de Google Docs, Notion te permite embeber prácticamente cualquier tipo de datos en sus páginas. Embeber es diferente a solo insertar un enlace hacia un documento que se abre en otra pestaña o aplicación. Al embeber los datos, no solo los verás dentro de la página de Notion sino que en varios casos podrás incluso manipularlos desde ahí usando la interfaz de la aplicación original. Puedes insertar documentos, mapas, PDFs, videos, audios, otras aplicaciones, etc.

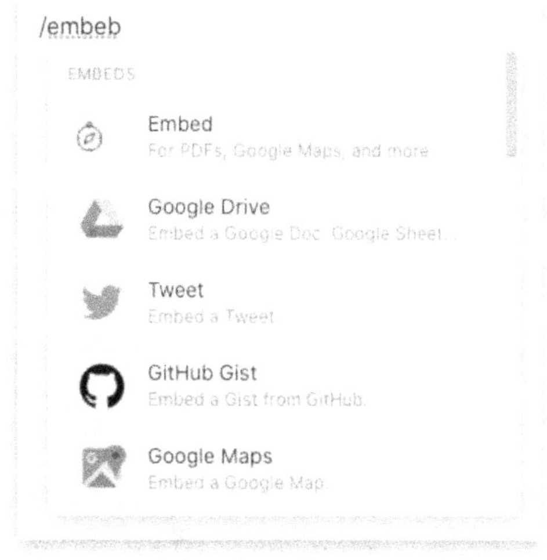

Figura 10.3: Invocando el menú genérico para embeber datos de una fuente externa.

Notion tiene una lista previamente configurada de aplicaciones comunes que se pueden embeber, que incluyen: Audio, GitHub, Google Drive, Google Maps, imágenes, PDF, tweets y video. Puedes usar la opción específica para insertar cada uno de estos contenidos, pero la opción más sencilla es que uses el **/embed** (*Embeber genérico)* que te permite insertar cualquier tipo de contenido (Fig. 10.3), sin ninguna diferencia a usar la opción específica.

Por ejemplo si quieres insertar un tweet (tuit). Escribe **/embed** o la opción específica para insertar un tweet, que es, **/tweet** . Aparecerá un campo de texto (Fig. 10.4) donde colocar la dirección que quieras insertar. Pega ahí la dirección del tweet y presiona el botón azul **Embed Tweet** (*Embeber Tuit)*. Verás que el tuit se inserta en tu página, manteniendo sus enlaces activos. Cabe mencionar que no es posible ajustar el tamaño de los tuits embebidos.

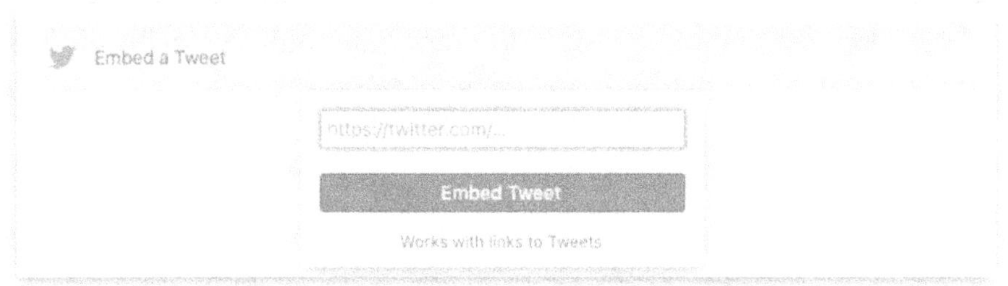

Figura 10.4: Campo para embeber mensajes de Twitter.

En el caso de archivos, aparece la opción **Upload** *(Subir)* para cargarlos. Puede tratarse de archivos de imagen, audio, video, PDF, etc.

También puedes pegar directamente la dirección URL en Notion. En la mayoría de los casos Notion reconocerá el tipo de URL y te dará la opción, al momento de agregarla, de *Embeber* (**Embed**) el contenido completo o de solo *Crear un enlace (Create bookmark)* a dicha dirección (Fig. 10.5). Si no deseas ninguna opción presiona **Dismiss (***Descartar*) para cancelar.

En la mayoría de casos puedes modificar el tamaño de los contenidos embebidos en tu página, moviendo las barras negras que aparecen en los lados del archivo embebido hasta dejarlo del tamaño

Figura 10.5: Opción para embeber un tuit (embed) o solo insertar el enlace correspondiente (bookmark).

que desees. También puedes arrastrar el contenido embebido a otro lugar de la página, sujetándolo por el ícono del *Menú Múltiple* ∷ y arrastrando a la nueva ubicación.

Al pasar tu cursor sobre el material embebido, aparece el menú *Tres Puntos (...)* con opciones similares a las que ya hemos revisado al insertar una imagen, entre otras, están :

View original *(Ver original)* Al hacer clic en esta opción, el navegador te llevara a la página fuente.

Caption *(Descripción).-* Te permitirá agregar una breve descripción del material embebido.

Si seleccionas **Comment** *(Comentario),* podrás agregar un comentario sobre el material embebido. También tienes las opciones para *Remplazar* (Replace) el archivo por otro o *borrar el material embebido* (Delete) (Fig. 10.6).

Como puedes ver, Notion te facilita enormemente la tarea de importar información de otras aplicaciones, bases de datos y documentos desde todo tipo de fuentes. Conforme te vayas familiarizando con Notion y empieces a introducir más información en tu espacio de trabajo, estas opciones te serán cada vez más útiles.

Importando bases de datos

Si tienes archivos de hojas de cálculo de Excel o de

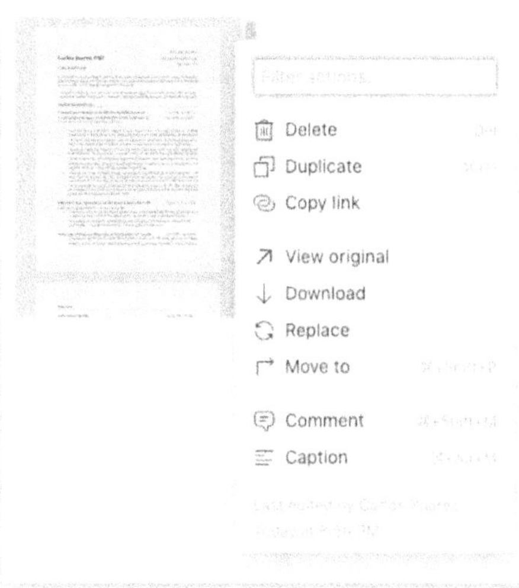

Figura 10.6: Menú de opciones (...) en material embebido.

otras bases de datos, que quieras importar en Notion puedes hacerlo si estos tienen el formato .CSV.

Haz lo siguiente. Ingresa a Notion, ve a la *Barra Lateral*, da clic en *Importar* (Import), escoge importar desde **CSV** y selecciona el archivo *.csv* que vayas a importar. ¡Listo! este aparecerá como una base de datos en Notion.

Figura 10.7: Menú (…). Comando para fusionar archivos CSV con una base de datos existente.

Si lo que quieres es agregar un archivo .csv a una base de datos ya existente en Notion. Ve a la página de la base de datos donde quieras importar los nuevos datos que están en el archivo. Abre el menú de *Tres Puntos (…)* en la parte superior derecha de la página, y selecciona la opción **Merge with CSV** *(Combinar con CSV)* en la parte baja del mismo (Fig. 10.7). Los datos del archivo se agregarán a la base de datos que ya existe.

Capítulo 11

Web Clipper

Una herramienta muy útil y que Notion a diseñado de una manera que es una delicia de usar es el **Web Clipper.** Se trata de una extensión que se puede usar en tu navegador o tu dispositivo móvil para agregar páginas web, imágenes o fragmentos de texto a una página de Notion. A estos fragmentos de información Notion les llama *clips*, de ahí su nombre *clipper*, imagina que adjuntas una foto a un documento con un clip y entenderás el concepto de inmediato. Esta herramienta te puede ser muy útil, por ejemplo, para guardar referencias de algún proyecto de investigación, formar una lista de lecturas pendientes, colectar imágenes o cualquier otro fin para el que necesites reunir información de la web.

Cómo el **Web clipper** te permite recolectar información desde diferentes fuentes, es útil tener el web clipper instalado en tu navegador y también en tu dispositivo móvil, para aprovecharlo al máximo. Ya que muchas veces mientras estás en tu teléfono, encuentras una página que quieres guardar y que mejor manera de hacerlo que en una página de Notion, para revisarla con calma más tarde y clasificarla según corresponda. Para esto Web Clipper es la herramienta ideal.

Web Clipper en tu navegador

Web clipper es una extensión que se puede instalar en el navegador de tu computadora, por ahora esta disponible como extensión de Chrome y como un add-on en Firefox. Si no estás familiarizado con lo que es una extensión de un Navegador, te comento brevemente. Se trata de un pequeño programa o aplicación de software que se instala dentro de propio navegador (Chrome o Firefox) para darle una funcionalidad que no poseía, es decir extender (de ahí su nombre) sus capacidades. La extensibilidad es la propiedad de los navegadores modernos de poder incorporar nuevas funciones, para adaptarse a los usos personalizados de sus usuarios. Así que lo primero que debes hacer para usar el *Web clipper* es instalar la extensión correspondiente en tu navegador.

Si usas Chrome, tendrás que visitar la *Chrome Web Store*, que puedes encontrar fácilmente con una búsqueda en Google. Cuando estés dentro, busca *"Notion Web Clipper"*, no olvides escribir la palabra Notion, ya que existen varios *"web clippers"* en la Web Store (Fig. 11.1a). Una vez que lo encuentres presiona el botón **Add to Chrome** *(Agregar a Chrome)* y listo. Notarás que un pequeño ícono del logotipo de Notion aparece a la derecha de la barra de direcciones en Chrome (Fig. 11.2a). El *Web Clipper* está listo para usarse.

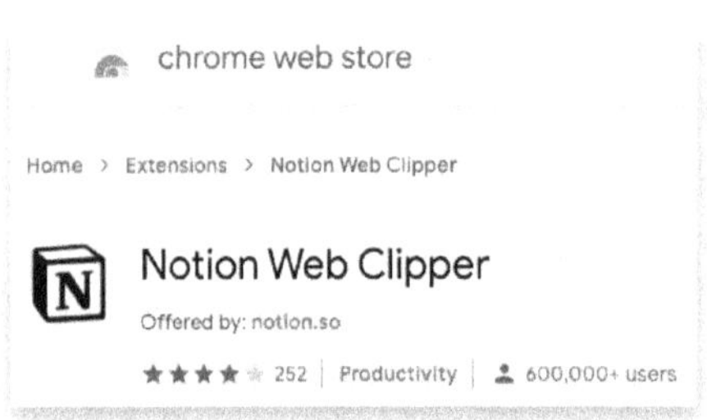

Figura 11.1a: Notion Web Clipper en la Chrome Web Store.

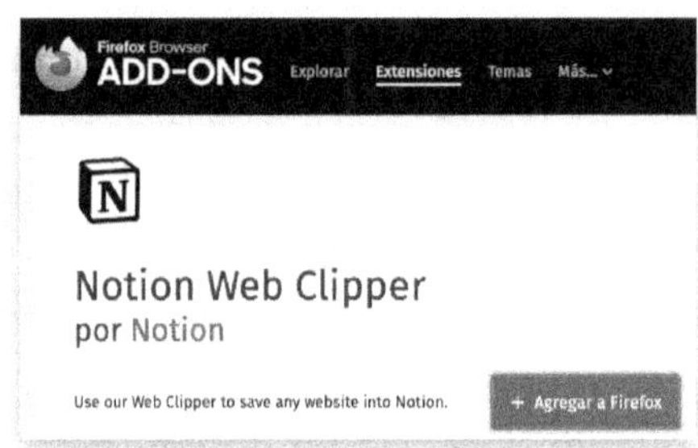

Figura 11.1b: Notion Web Clipper en Firefox Browser Add-ons.

En caso de que tu navegador de preferencia sea Firefox, tendrás que visitar *Firefox add-ons*, encuéntralo usando tu buscador y cuando estés dentro, busca *"Notion Web Clipper"* y agrégalo a tu navegador presionando el botón azul **+ *Agregar a Firefox*** (Fig. 11.1b). Notarás también que el ícono del logotipo de Notion aparece a la derecha de la barra de direcciones (Fig. 11.2b). ¡*Web Clipper* está listo!

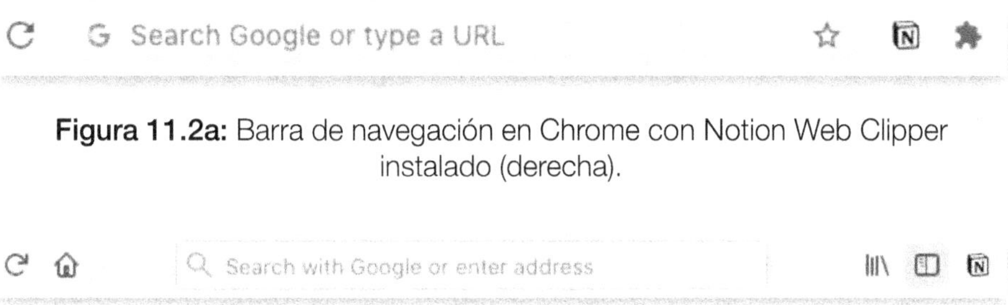

Figura 11.2a: Barra de navegación en Chrome con Notion Web Clipper instalado (derecha).

Figura 11.2b: Barra de navegación en Firefox con Notion Web Clipper instalado (derecha).

Una vez que tengas instalada la extensión en Chrome o el Add-on en Firefox es momento de empezar a agregar datos desde la web. Para que todo funcione correctamente, previamente tienes que ingresar desde tu navegador a la cuenta de Notion que quieres usar con **Web Clipper.**

Realiza una búsqueda por la web de la información que necesites. Cuando encuentres una página que quieras agregar a Notion, presiona el ícono de Notion que aparece a la derecha de la barra de direcciones de tu navegador (Figs. 11.2 a y b). Se abrirá una pequeña ventana desde donde puedes buscar en qué página o base de datos dentro de Notion quieres agregar la página web que estas visitando. (**Search for databases or pages**) (Fig. 11.3). La primera vez que lo hagas, verás la opción ***Agregar a*** (**Add to**) que te permite cambiar la base de datos o página a la cual agregar el enlace

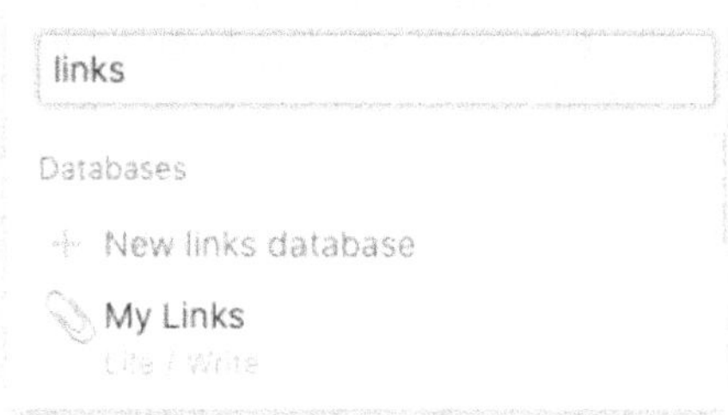

Figura 11.3: Selección de página para guardar contenido desde el Web Clipper.

de la página web que visitas. Aparecerán primero las bases de datos disponibles y luego algunas páginas (Fig. 11.4).

Si no tienes un lugar específico donde guardar tus clips, es una buena idea crear una base de datos nueva para este propósito, presionando en **+ New links database** *(Nueva Base de datos de enlaces)* (Fig. 11.3) , que

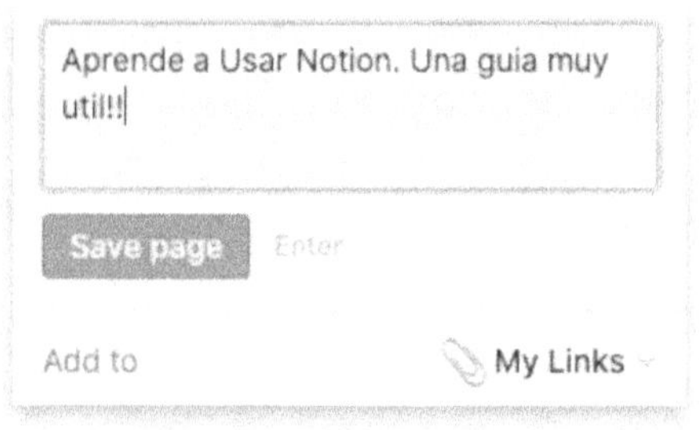

Figura 11.4: Guardando una página web en Notion desde el Web Clipper.

aparece la primera vez o al abrir el menú **Add to** *(Agregar a).* Esta base de datos te servirá para que ahí se vayan agregando todos los enlaces que captures desde la web de una manera ordenada y fácilmente modificable. Si ya tienes una base de datos destinada a este fin, simplemente selecciónala desde el menú *Agregar a* (**Add to**) (Fig. 11.4) o búscala en la barra de búsqueda en la misma ventana.

Una vez que hayas seleccionado el destino de tu clip, puedes cambiar el texto de la ventana donde viene el título de la página (Fig. 11.4), si es que deseas hacerlo más descriptivo o agregar alguna nota extra. Presiona el botón azul *Guardar página* (**Save page**) y el contenido de la página se guardará dentro de Notion.

Ten en cuenta que no estás guardando solo el enlace a la misma, sino que estás guardando el contenido de la página, incluidas sus imágenes como una página más de Notion, lo que te permitirá posteriormente usar todas las funcionalidades de edición, además de poder agregar etiquetas, comentarios, etc., como si fuera cualquier otra página de Notion.

Te podrá parecer raro que por default los clips se guarden en una base de datos en lugar de una página normal, pero pronto te darás cuanta que es en realidad un excelente lugar para esto, ya que puedes, agregar etiquetas y filtrar cada página que vayas agregando. Cabe mencionar que no es necesario guardar la página completa, si solo quieres guardar un párrafo de texto o una imagen, simplemente selecciona lo que deseas agregar, presiona el ícono del *Web Clipper* y solo lo seleccionado se agregará a Notion.

Inmediatamente después de guardar un clip, se te presentará la opción de *Abrir en Notion* (**Open in Notion**) el clip recién agregado. La cual te llevará directamente a la página que acabas de guardar dentro de Notion. Cuando guardas una página web en una base de datos de Notion, notarás que en las propiedades de la página, se incluye la dirección URL, incluso si en la base de datos original no estaba incluida esta propiedad, por lo que siempre sabrás de donde proviene el clip que insertaste.

Web clipper, en tu dispositivo móvil

La versión móvil de **Web Clipper** usa las capacidades de compartir nativas tanto de iPhone/iPad, como de Android. **Web Clipper** funciona en iOS a partir de la versión 11.0 y en Android a partir de la versión 5.0

En iOS

La aplicación de Notion debe estar instalada en tu teléfono para poder usar *Notion Web Clipper*. Abre Safari (también funciona en Chrome si lo tienes instalado) en tu dispositivo y presiona el ícono de **Compartir** (**Share**) desde cualquier página que quieras guardar en Notion. Al hacer esto, te aparecerán las opciones regulares de compartir. Muévete a través de las distintas opciones hasta encontrar *Más* (**More**), dentro de este menú, agrega *Notion* como opción, activando el botón correspondiente. Esto solo se requiere hacer la primera vez. Después de esto, Notion aparecerá dentro de las opciones de compartir en tu teléfono (Fig. 11.5).

Cuando quieras guardar un

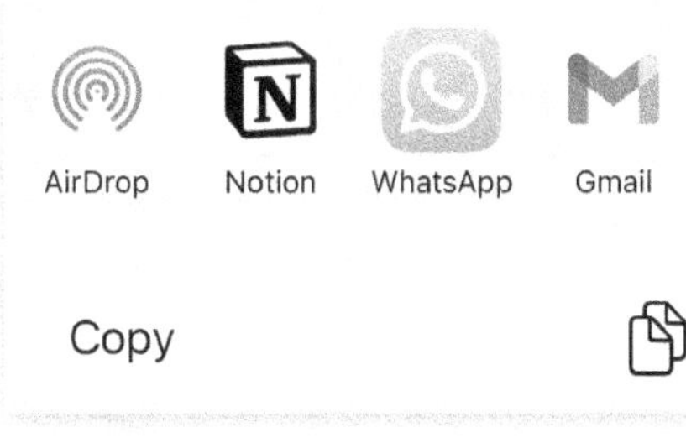

Figura 11.5: Opciones para compartir en iOS mostrando el Notion Web Clipper.

clip, solo selecciona **Notion** en el menú compartir (Fig. 11.5). Aparecerá el título de la página que quieres guardar (puedes editarlo si lo deseas) (Fig. 11.6). Escoge la base de datos donde lo quieras guardar, presionando **Add to** *(Agregar a)* y presiona *Guardar* **(Save)** ¡Listo! La página web se enviará a Notion. Al visitarla, podrás editarla, agregar propiedades, dejar comentarios, todo lo que puedes hacer con una página en Notion.

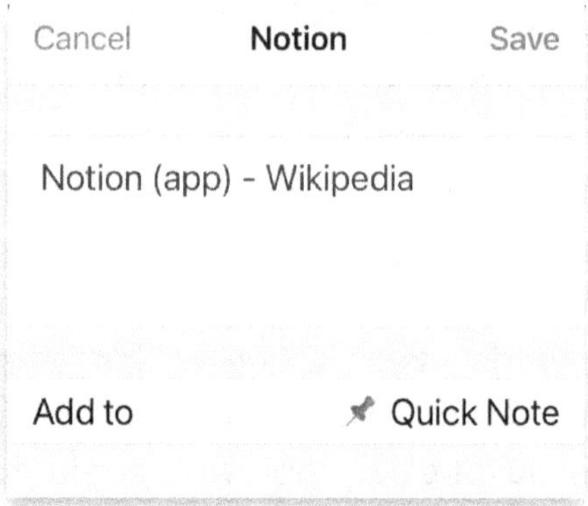

Figura 11.6: Ventana para nombrar y guardar una página en Notion usando Notion Web Clipper en iOS.

Desde Android

En Android es aún más sencillo. La opción compartir hacia Notion se activa cuando instalas Notion en tu teléfono, por lo que no requieres realizar ningún paso extra.

Abre Chrome y cuando estés en una página que quieras conservar, presiona el ícono de compartir, esto hará que las opciones de compartir aparezcan, ahí encontrarás a Notion (Fig. 11.7), selecciona esta opción. Se abrirá una ventana donde puedes editar el título de la página que quieres guardar, escoge la base de datos o página donde lo quieres conservar, presiona *Guardar* **(Save)** (Fig. 11.8). La página web se ha salvado en el sitio que designaste. Al visitarla podrás editarla, agregar propiedades, dejar comentarios, como en cualquier otra página de Notion.

Figura 11.7: Opciones para compartir en Android mostrando el Notion Web Clipper.

Guardando archivos desde tu teléfono

Si tienes fotos u otro tipo de archivos almacenados en tu teléfono, iOS o Android, y quieres guardarlos en una base de datos o página de Notion, también puedes hacerlo.

Selecciona el archivo que quieres guardar en Notion. Presiona compartir en tu dispositivo. Escoge Notion entre las opciones disponibles. Agrega o modifica el título del archivo. Selecciona la base de datos o página donde quieres guardar tu imagen o archivo. Presiona *Guardar* (Save). ¡Listo!

Cuando agregas archivos locales o imágenes almacenadas en tu teléfono, no se agrega ninguna dirección URL asociada a los mismos, en la base de datos de Notion donde se guardan.

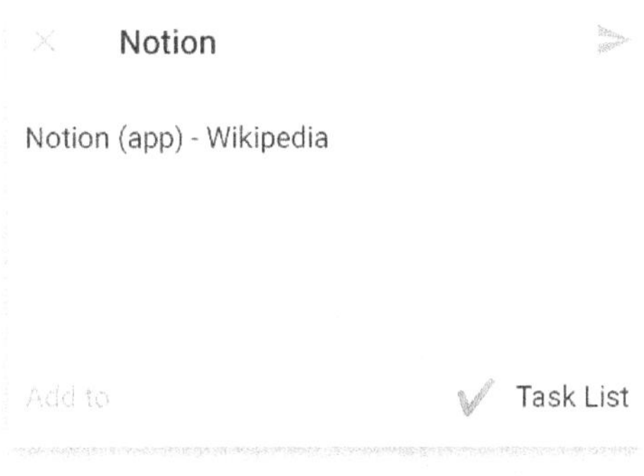

Figura 11.8: Ventana para nombrar y guardar una página en Notion usando Notion Web Clipper en Android.

Bases de datos de enlaces

Si tienes una base de datos donde has recolectado páginas, imágenes u otro tipo de archivos (Fig. 11.9), incluidas sus direcciones. Puedes hacer mucho más que usarla solo como sistema de almacenamiento. ¡Puedes ponerla a trabajar para ti!

Puedes agregar acciones a la misma. Definir una fecha para su revisión, asignar una página para que sea inspeccionada por algún miembro del equipo. Puedes agregar una etiqueta, para hacerla parte de algún grupo de tareas. Puedes agregarla a un proyecto, como por ejemplo un apunte escolar para cierta clase. Agregar comentarios para que sean considerados por tus colaboradores. Crear una galería visual, si el contenido de tus enlaces tiene fotos. Por mencionar solo algunos de la infinidad de ejemplos de lo que puedes hacer en Notion para poner a trabajar para ti y tus colaboradores las bases de datos creadas usando el *Web Clipper*.

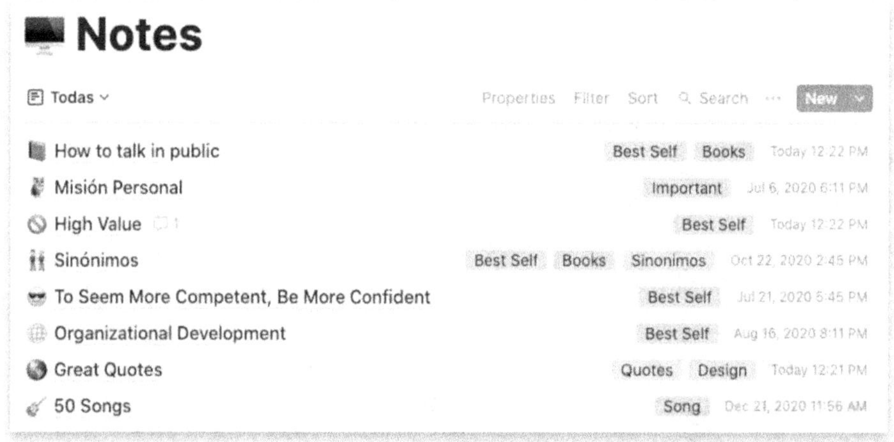

Figura 11.9: Base de datos de páginas web, recolectadas usando Web Clipper.

Como hemos visto en esta sección, *Web Clipper* que te permite recolectar información desde la web de una manera bastante sencilla y guardarla en un formato muy poderoso dentro de Notion, desde donde puedes explotar todas sus capacidades de organización y edición para mover tus proyectos hacia adelante.

Capítulo 12

Búsqueda

Una de las sorpresas agradables que te llevarás en Notion, sobre todo cuando has creado tantas páginas que no recuerdas exactamente donde escribiste algo, es que es muy fácil encontrar lo que buscas. La función de búsqueda interna de Notion que se llama **Quick Find**, funciona y funciona muy bien. Sucede que muchas veces no estas seguro en que página escribiste algo acerca de *Pulpos* por decir algo, utilizando **Quick Find,** fácilmente encontrarás, primero, las páginas que lleven en el título la palabra *pulpo*, después las que contengan la palabra *pulpo* dentro del cuerpo de la página. Lo que te permitirá encontrar rápidamente lo que estés buscando.

Búsqueda en Notion

Cuando quieras encontrar algo en Notion, ya sea el título de una página o una palabra dentro del texto de la misma, puedes recurrir a **Quick Find (*Búsqueda Rápida)*,** que se encuentra en la parte superior de la ***Barra Lateral*** (Fig. 1.2)**.** Da clic en **Quick Find** y aparecerá el campo de búsqueda, donde debes escribir la palabra que buscas.

En la parte baja del campo de búsqueda verás que aparece una lista con las páginas que has visitado recientemente (Fig. 12.1). Por lo que esta función también te puede servir como una manera de llegar rápidamente a las últimas páginas visitadas. Si lo deseas puedes borrar esta lista, dando clic en **Clear** *(Borrar)* que aparece a la derecha al mover tu cursor sobre esa sección.

Más abajo, aparece también una lista de las *Búsquedas más recientes* **(Recent Searches)**. Así que sí realizas la misma búsqueda

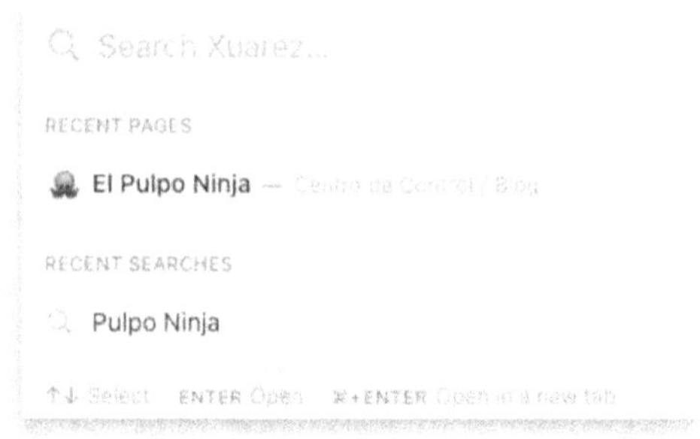

Figura 12.1: Campo de *Búsqueda Rápida* (Quick Find).

constantemente o quieres repetir tu última búsqueda, puedes hacerlo rápidamente desde aquí (Fig. 12.1). También tienes la opción de borrar esta lista de búsquedas, dando clic en **Clear** *(Borrar)*, que aparece arriba a la derecha al mover tu cursor sobre esa sección.

Cuando ingreses un término de búsqueda, verás que incluso conforme vas escribiendo van apareciendo las páginas que contienen dicha palabra (Fig. 12.2).

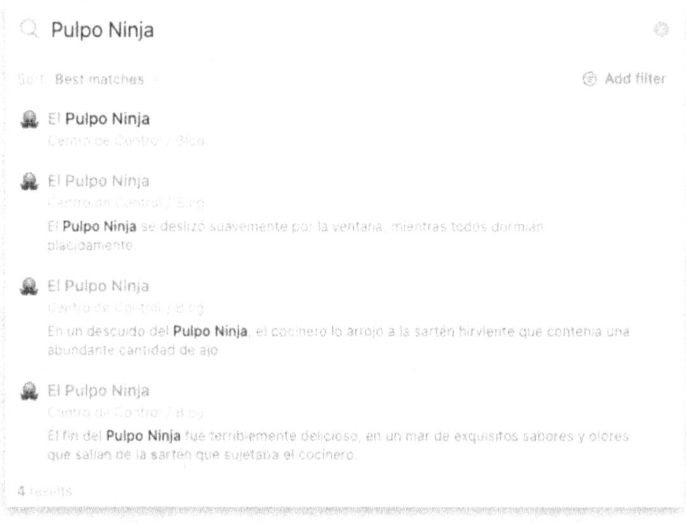

Figura 12.2: Resultados en *Búsqueda Rápida* (Quick Find).

Desde tu teclado puedes ingresar aún más rápidamente a **Quick Find** *(Búsqueda rápida)* usando la combinación de teclas: **ctrl+p** en Windows o **cmd+p** en Mac. Este es sin duda uno de los shortcuts (*atajos*) más usados al trabajar con Notion.

Pero aún hay más, si mantienes presionado **cmd/ctrl** mientras seleccionas algún resultado de la búsqueda, este se abrirá en una nueva pestaña de tu navegador (web) o en una nueva ventana (Mac App).

En la aplicación móvil, iOS y Android, encontrarás la búsqueda rápida en la parte baja a la izquierda, en el ícono de la lupa.

Buscando dentro de una base de datos

En Notion, cada base de datos contiene su propio campo de búsqueda. Si lo que buscas es una palabra dentro de una base de datos específica, tu mejor opción es utilizar la opción de *Búsqueda* **(Search)** que aparece en la parte superior derecha de cada base de datos (Fig. 12.3) al lado del ícono de una pequeña lupa.

Para utilizar esta opción solo selecciona **Search** *(Buscar)* y comienza escribir en el campo de texto que se abre. Notarás que conforme vas escribiendo, el número de renglones en la tabla va disminuyendo, para dejar visibles solo los que contengan el término de búsqueda en el título de la página o en las propiedades de la misma (Fig. 12.3).

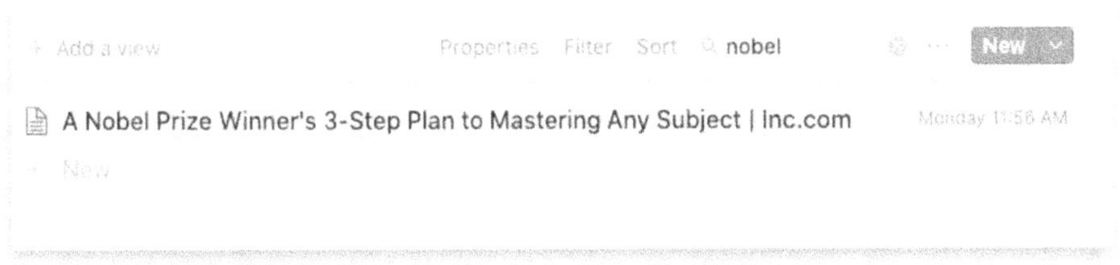

Figura 12.3: *Búsqueda* (Search) dentro de una base de datos.

La búsqueda de las bases de datos no buscará dentro del contenido de las páginas. Recuérdalo, solo en el título y las propiedades de la misma. Esta es una diferencia importante. **Quick Find** o *Búsqueda Rápida,* es general, buscará dentro de títulos y la totalidad del contenido de las páginas de la base de datos. La búsqueda propia de cada base de datos, buscará solo en el título y las propiedades de cada página.

Pero la búsqueda de las bases de datos, buscará en las propiedades, términos como *"urgente"* u *"hoy"*, dentro de la tabla y te mostrará todas las casillas con esas etiquetas. Mientras que la búsqueda general, no te mostrará este tipo de detalles.

Ordenando resultados de búsqueda

Conforme vas creando páginas o compartiéndolas con miembros de un equipo, el número de estas puede llegar a ser muy numeroso, por lo que optimizar tus métodos de búsqueda puede ser muy útil.

Una manera de lograrlo es hacer que los resultados de búsqueda sigan determinado orden. En el campo de búsqueda, escribe la palabra que buscas, al hacerlo verás aparecer los resultados correspondientes y por debajo del campo de búsqueda aparece un pequeño menú **Sort** *(Ordenar)* (Fig. 12.2) y con algunas opciones que puedes elegir abriendo el menú por la flecha. Las opciones (Fig. 12.4) son las siguientes:

Best matches *(Mejores Resultados):* Es la vista por default y te presenta los resultados más relevantes primero.

Last edited:Newest first: *Editadas recientemente, comenzando por las más recientes.*

Last edited:Oldest first: *Editadas recientemente, comenzando por las más antiguas.*

Created:Newest first: *Por fecha de creación, más recientes primero.*

Created:Oldest first: *Por fecha de*

Figura 12.4: Menú para elegir opciones de resultados de búsqueda.

creación, más antiguas primero.

Filtrando resultados de búsqueda

Si ordenar tus búsquedas no es suficiente para encontrar fácilmente lo que necesitas, tienes también la opción de filtrar tus búsquedas. Cuando escribes un término en el campo de búsqueda y presionas *Enter,* a la derecha de la lista con los resultados de búsqueda, aparece un menú (Fig. 12.5) con varias opciones:

Verás un botón con la frase **Only match titles** *(Solo si coincide con el título)*, al activarlo, la búsqueda se restringirá a páginas que tienen el término buscado en el título.

Abajo de este botón, aparecen las opciones de *Filtros Rápidos* (Quick Filters) (Fig. 12.5), que incluyen:

Created by me: *Creados por mi.*

Edited last week: *Editados durante la última semana.*

In current page: *Dentro de la página actual.*

Después de los *Filtros rápidos* viene una sección que contiene todavía *Más filtros* (More filters) (Fig. 12.5). Cuando seleccionas alguna de estas opciones, aparece un campo de texto donde podrás indicar el nombre de la página, persona o fecha sobre la que deseas buscar. Aquí encontrarás las siguientes opciones:

In page *(En la página):* Restringe la búsqueda a cierta página o páginas.

Created by *(Creada por):* Esta opción restringe la búsqueda a páginas creadas por un autor en particular.

Created *(Creado en):* Esta opción es muy útil para buscar dentro de páginas creadas en un día o en un intervalo de días específico.

Last edited *(Editado por última vez*

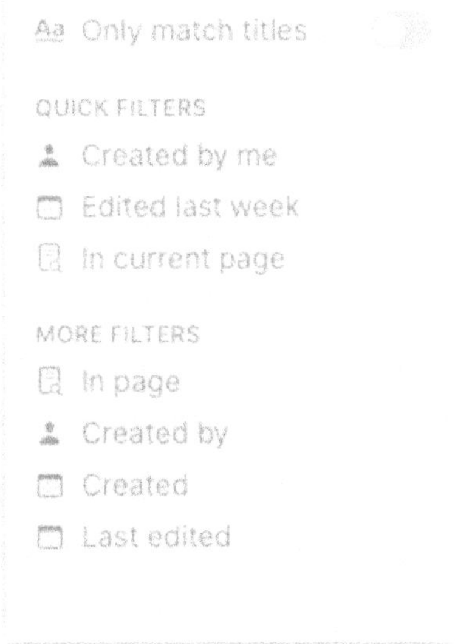

Figura 12.5: Menú para aplicar filtros a los resultados de búsqueda.

en): Busca dentro de páginas que fueron editadas por última vez en cierto día o periodo.

Si quieres eliminar un filtro y ampliar la búsqueda nuevamente, solo presiona la **x** que aparece a la derecha de cada filtro agregado para eliminarlo y volver a la opción previa de búsqueda.

Como habrás notado, la búsqueda en Notion es poderosa y muy rápida. Pero aún hay más. Puedes combinar múltiples filtros para restringir la búsqueda todo lo que necesites, para hacerla tan específica como requieras. Por ejemplo, puedes limitar la búsqueda a las páginas creadas por ti, agregar una fecha de creación, seleccionar un rango de días en los que pudiste haber editado la página. Esto reduce ampliamente el rango de búsqueda y te ayudará a encontrar lo que estas buscando fácilmente.

Capítulo 13

Como Usar Notion Para Organizar Tu Vida Personal

Ahora que ya hemos revisado los aspectos fundamentales de como usar Notion, el siguiente paso es darte algunas ideas de como puedes aprovechar toda su versatilidad, para crear un espacio para organizar tu trabajo, tu estudio o tu vida personal. También te mostraré como crear bases de datos para mantener bien estructurada tu información y que esté lista en el momento que la necesites. Por supuesto que una de las ventajas de Notion es que cada quien puede ordenar las cosas como más le guste y es una delicia imprimirle tu sello personal. Así que espero que estas ideas te sirvan de inspiración, para qué conforme vayas generando más habilidad en el uso de Notion, crees tus propios sistemas de organización. ¡Comenzamos!

En esta sección crearemos un base de datos para planear un viaje, con todo y su lista de cosas a empacar. Además podrás crear un calendario para monitorear el cumplimiento de ciertos hábitos que te propongas y por último te mostraré como crear una hermosa galería fotográfica para organizar tus comidas de la semana.

Vámonos de viaje

Aunque ya existe una plantilla para planear un viaje, en esta sección te mostraré como crear uno, en español, desde el principio, para que aprendas los pasos necesarios para crear una página de este tipo, sobre todo por que cada quien tiene su propio nivel de organización y una planilla puede no ser adecuada para todos los gustos. La idea es crear una página totalmente personalizada.

Supongamos que estas planeando unas vacaciones de dos semanas por Japón y te interesa crear un itinerario de viaje interesante. Quieres planear los días que vas a estar en cada lugar, anotar el hotel al que llegarás en cada ciudad y detallar las atracciones que visitarás estando ahí. Así que lo primero que harás será crear una página para organizar tu viaje. Ve a tu *Centro de control*, entra a la sección *Personal* y luego a la página *Meta 1*, cambia el título de dicha página, Llámala *Viaje a Japón*. Puedes agregar el ícono y portada de tu preferencia.

Una vez creada la página *Viaje a Japón,* inserta ahí una base de datos. En la mitad de la página, encontrarás las opciones de bases de datos. Selecciona **Tabla** *(Table).* Ya que tienes una tabla, sustituye el título de la primera columna **Names** *(Nombres)* y cámbialo por *Actividad.* Aquí escribirás las actividades planeadas para cada día. Ahora, inserta una nueva columna, presionando el signo más + a la derecha de la tabla. Titula *Fecha* a esta columna y en ***Tipo de Propiedad*** (Property type) escoge **Date** *(Fecha).* Una vez creada la columna, arrástrala sujetándola por el título hasta que ocupe la segunda posición en la tabla. Crea una tercera columna llamada *Hotel* repitiendo el mismo procedimiento, selecciona Text como *Property type (Tipo de propiedad*) y arrástrala para que ocupe el tercer lugar entre las columnas. Mantendremos en la tabla las columnas llamadas *Tags,* pero cambia su nombre por *Etiquetas.* Agrega una columna más, llamada *Imágenes* y asígnale la propiedad de **Files & media** *(Archivos y medios).* Ya tienes tu base de datos, dónde puedes empezar a agregar la información correspondiente al viaje (Fig. 13.1).

••• Viaje a Japón

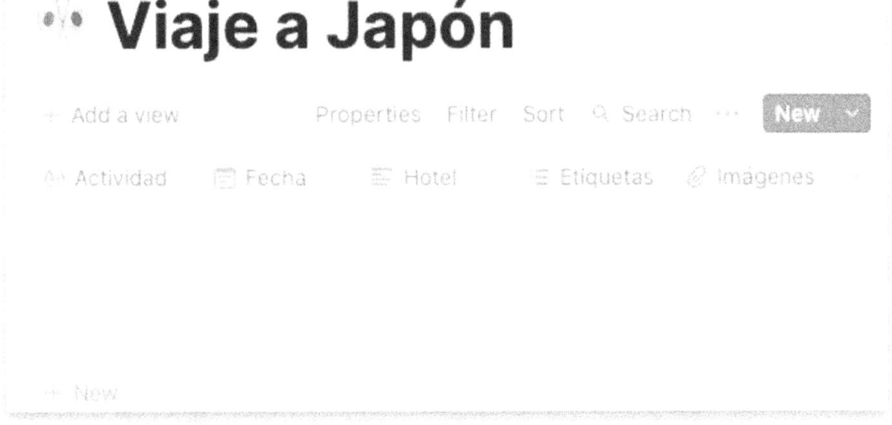

Figura 13.1: Base de datos para planear un viaje.

En la columna *Actividad*, escribe las actividades diarias, como: El arribo a Tokio, los lugares que deseas visitar cada día, etc. En la columna de *Fecha* puedes incluir el día y la hora a realizar cada actividad, al dar clic en alguna casilla de esta columna, aparecerá un calendario, desde donde puedes asignar día y hora, como lo hemos mencionado previamente. En la columna de *Hotel*, simplemente escribe los datos del hotel correspondiente, puedes incluir dirección, teléfono y detalles de reservación si lo deseas, por brevedad solo se incluye el nombre del hotel en la tabla. En la columna *Etiquetas* puedes asignar una etiqueta a cada ciudad que visitarás, de esta manera puedes filtrar por ciudad y ver las actividades a realizar por ciudad. Finalmente en la columna *Imágenes* puedes agregar fotos de las atracciones a visitar, recibos de reservaciones u algún otro documento que necesites en tu viaje. Para hacerlo simplemente arrastra el archivo desde tu computadora o presiona en la casilla correspondiente para que aparezca el menú para subir el documento (Fig. 13.2).

De esta manera tendrás en una sola tabla toda la información que necesitarás para tu viaje. Si deseas incluir más datos en la misma, puedes agregar más columnas de manera similar. Ya que tienes tu base de datos con el itinerario de viaje. Ahora vamos a crear una lista de cosas que tienes que empacar, ¡Para no olvidar nada!

Figura 13.2: Base de datos de un viaje a Japón.

Lista de Cosas a Empacar

Para este fin crearemos otra página. Vamos a la sección *Personal* de tu *Centro de control* y luego a la página *Meta 2*. Cambia el nombre por *Cosas a Empacar*. Aquí haremos una lista de artículos utilizando casillas de verificación, de tal manera que podamos ir checando cada artículo conforme vayamos empacándolo. La dividiremos en secciones para facilitar la organización. Escribe en la página las siguientes frases: *Bolsa de Mano, Ropa, Limpieza*. Presionando *Enter* después de cada una de ellas, para crear bloques independientes. Selecciónalos y conviértelos en **Encabezado 3 (Heading 3)**, usando la opción **Turn into** (**Convertir en**) dentro del *Menú Múltiple* ⠿.

Después arrastra *Ropa* a la derecha de *Bolsa de Mano,* sujetándola por el indicador del **Menú Múltiple** ⠿, hasta que aparezca una línea vertical azul, suéltala para crear una segunda columna. Repite el procedimiento con *Limpieza*, para crear la tercera columna. (Fig. 13.3)

Cosas a Empacar

Bolsa de Mano	Ropa	Limpieza
☐ Pasaporte	☐ 5 Camisas	☐ Desodorante
☐ Cartera	☐ 4 Pantalones	☐ Protector Solar
☐ Lentes de sol	☐ Traje de Baño	☐ Cepillo de dientes

Figura 13.3: Lista de cosas a empacar para el viaje.

Finalmente, debajo de cada encabezado, inscribe **(/todo)** para insertar una *Casilla de verificación* (To-do list) y así poder iniciar una lista de objetos. Presiona *Enter*. Aparecerá una casilla de verificación con la palabra **To-do** *(Para hacer)*, sustituye esta palabra por el artículo que quieras incluir. Presiona *Enter* y otra casilla de verificación aparecerá debajo, escribe el siguiente artículo y así sucesivamente para incluir todos los objetos de esta sección. Repite este procedimiento en cada columna hasta completar la lista (Fig. 13.3).

¡Buen trabajo! Has creado un itinerario de viaje y una lista de cosas a empacar, de esta manera tendrás toda la información que necesitas a la mano durante tus vacaciones. Ahora pasaremos a otro ejemplo, donde crearás un monitor de hábitos.

Monitor de Hábitos

Un monitor de hábitos es una herramienta muy útil para llevar el registro de tus metas personales y cómo vas avanzando en su realización. Para fines de este ejercicio, digamos que te has propuesto ejercitarte más y para eso decides salir a correr diariamente. También quieres cultivar tu hábito de lectura, para lo cual te has propuesto leer diariamente. Por último, quieres aprender un idioma adicional, por lo que decides inscribirte a un curso en línea. Para asegurarte de ser consistente en estas actividades, deseas llevar un registro de los días que llevas a cabo cada una de ellas a lo largo de la semana o del mes.

Una manera muy sencilla de hacerlo es crear un monitor de hábitos. Para este fin crearemos un calendario con casillas de verificación donde podrás señalar las actividades que realizaste cada día. Te mostraré como hacerlo.

Vuelve al *Centro de Control*, sección *Personal* y luego en la página *Meta 3.* Sustituye el nombre de la página por *Hábitos.* Una vez dentro de esta página agrega una base de datos, elige la opción *Tabla (Table)* en la sección de **Database**. Muy bien, ya tienes una tabla en tu página.

Para agregar contenido, haz lo siguiente: La primera columna (Name), déjala en blanco por ahora, como nuestro interés es hacer un calendario esta no importará mucho por el momento. Crea tres columnas, una por cada hábito que vas a monitorear, sustituye el nombre de la columna *Tags (Etiquetas)* que ya está creada y agrega las dos faltantes. En el título de cada una de estas columnas escribe las actividades que vas a monitorear: *Correr, Leer, Curso.* En cada columna sustituye también, el *Tipo de propiedad* (Property type) por *Casilla de Verificación* (Checkbox). Esto creará una casilla de verificación en cada uno de los renglones de la tabla, los cuales

🏃 Hábitos

Figura 13.4: Monitor de Hábitos con *casillas de verificación* (checkbox).

podrás ir checando día a día, conforme vayas realizando el cumplimiento de tus hábitos. Agrega una última columna llamada *Fecha* y dale formato, obvio, de **Fecha** (Date). Cuando termines de agregar las columnas debes tener algo parecido a la Figura 13.4.

En este ejemplo, es necesario mantener el periodo de monitoreo por tiempo indefinido. Es decir no tenemos una fecha determinada para dejar de correr o leer, solo queremos saber qué tanto lo hacemos. Así que queremos que el calendario sea continuo. Para esto selecciona un renglón en blanco en la columna *Fecha,* en el menú que se abre, ve a las opciones que están abajo del calendario. Selecciona **Date format & timezone**, *(Formato de fechas y zonas horarias),* la cual abrirá otro menú dentro de este, ahí selecciona la opción **Date format** *(Formato de fecha),* abre la flecha de opciones y selecciona el formato *Relativo* (Relative) (Fig. 13.5). Después de esto, regresa al calendario y selecciona la fecha de hoy. Da clic fuera del menú para regresar a la tabla.

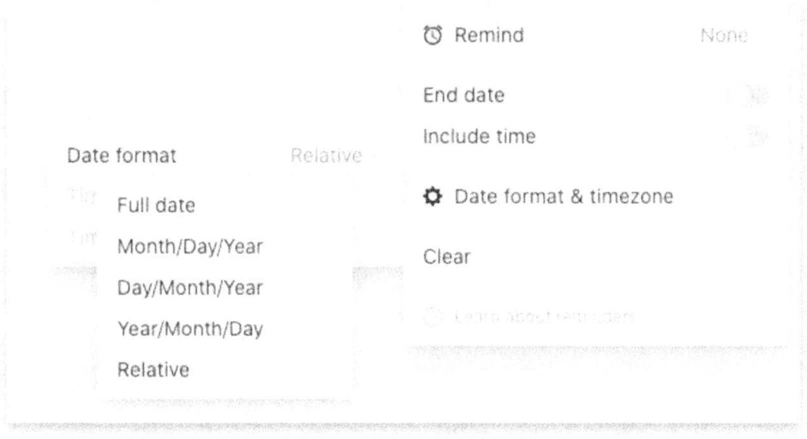

Figura 13.5: Menús para elegir la opción de tiempo *Relativo* (Relative).

Verás que en el renglón aparece la palabra **Today** *(Hoy)* en lugar de una fecha numérica, y conforme se vayan agregando los días, irán apareciendo como hoy, mañana, lunes pasado, etc. y no tendrán una fecha de finalización determinada, esto se debe al formato *Relativo* que seleccionaste. Para asegurarnos que estén en el orden correcto en todo momento, ve a la opción **Sort** *(Ordenar)* encima de la tabla y escoge **Add a sort** *(Agregar un orden)*. En la primera casilla escoge *Fecha* y en la segunda **Ascending (Ascendente)** (Fig. 13.6). Esto es solo para fines de orden dentro de la tabla, mantendrá tus días en el orden numérico y no en orden alfabético.

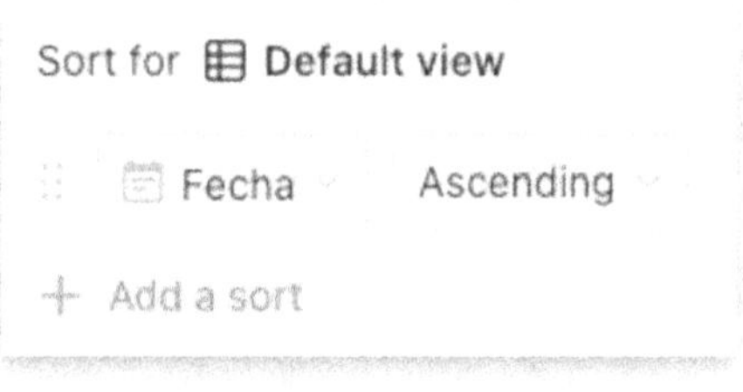

Figura 13.6: Ordenando *Fecha* de manera ascendente (Ascending).

Como puedes ver el formato de tabla no es muy adecuado para visualizar fácilmente el avance en el cumplimiento de tus hábitos. Por lo que crearás una vista de calendario que te muestre los hábitos realizados cada día. Ve a la opción **+Add a view** *(Agregar Vista)*, en la parte superior izquierda de la tabla y selecciona **Calendario** *(Calendar)*, en el campo de texto, escribe como nombre *Calendario de Hábitos* y presiona crear. Tienes ahora que escoger las propiedades que quieres ver. Es posible que en este momento no veas nada, ya que ninguna propiedad ha sido activada. En el menú **Properties** *(Propiedades)* en la parte superior derecha de la tabla, activa las opciones, *Correr, Leer* y *Curso*.

Regresando al calendario. Si pasas tu cursor por encima, se muestra un signo más *(+)* en la esquina izquierda de cada día. Al presionarlo se abrirá una página. Donde puedes ver las casillas correspondientes a cada hábito en la sección de propiedades. Checa las casillas ahí mismo, según corresponda y listo. Así puedes monitorear tus hábitos. También te aparece la opción de agregar un título en la página, si no agregas nada, aparecerá simplemente como *Sin título* (Untitled), pero puedes usar este espacio, para darle rienda suelta a tu creatividad y anotar un breve mensaje, como una felicitación, una frase de ánimo o simplemente un emoji para darle contexto, a tus logros de cada día.

Tip: Puedes agregar un emoji en cualquier línea de texto escribiendo dos puntos y el nombre del mismo. Por ejemplo **:smile** y aparece este ícono 😄. Si no sabes el nombre, solo escribe dos puntos y cualquier letra, aparecerá la ventana de emojis, desde donde puedes escoger el que quieras ¡Pruébalo!

Da clic fuera de la página para regresar al calendario, al hacerlo notarás que en el recuadro del día aparecen las casillas marcadas según corresponde, después de ingresar algunos días más, podrás ver algo similar a la Figura 13.7. Para agregar nuevos días, simplemente da clic en el siguiente día en el calendario y se abrirá la página correspondiente donde registrar tu avance. No necesitas regresar a la vista de tabla para hacerlo.

🦎 Hábitos

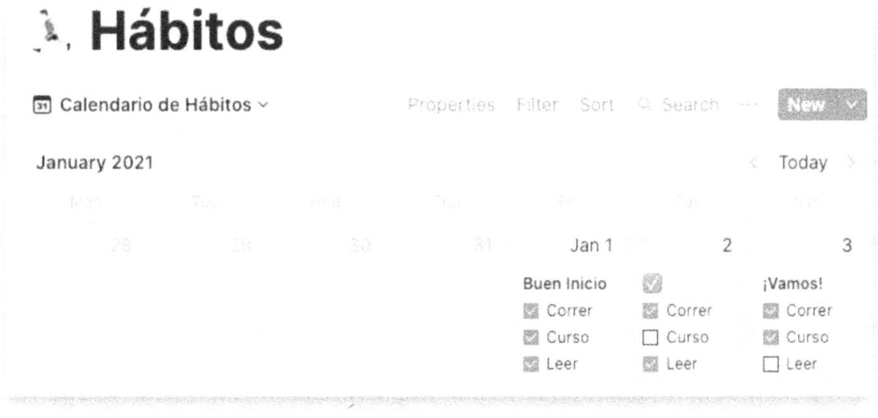

Figura 13.7: Calendario de Hábitos.

Galería de Comidas

Por último crearemos una base de datos acerca de recetas de cocina. Para hacerla más atractiva y apetitosa crearemos una galería de imágenes. Supongamos que tienes una colección de recetas que te quedan fantásticas y necesitas una manera de organizarlas que te ayude a seleccionar cuales serán las comidas que prepararás cada día de la semana. Pero además quieres que tus fotos luzcan como se merecen, para lo cual crearemos una base de datos en formato de *Galería* (Gallery).

Lo primero que harás será crear una página para ubicar esta base de datos. Para esto ve nuevamente a tu *Centro de Control*, luego a la sección de *Proyecto* y finalmente a la página *Tarea 2*, Remplaza este nombre por *Mis Recetas,* escoge un ícono y portada que te guste. Después de esto inserta una base de datos tipo **Tabla** (Table) seleccionando esta opción en la lista.

Una vez que tienes lista tu tabla, sustituye el título *Name (Nombre)* de la primera columna por *Receta.* En esta columna, agregarás los nombres de cada platillo. A la segunda columna, llamada *Tags (Etiquetas)* renómbrala como *Día*, en esta columna indicarás el día de la semana que quieres cocinar dicho platillo. En **Tipo de propiedad (Property type)** escoge **S**elect *(Selección),* para poder agregar una etiqueta a cada platillo. Ya que estas ahí, crea etiquetas para cada día de la semana. Simplemente da clic en un

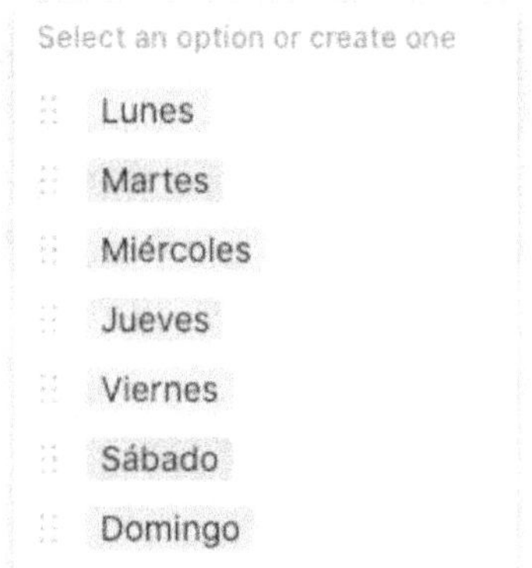

Figura 13.8: Etiquetas en la columna *Día.*

renglón en blanco dentro de esta columna, escribe los días de la semana en el campo de texto que aparece, presionan *Enter* después de cada día, para crear una etiqueta con cada uno de ellos. Escríbelos en orden de lunes a domingo (es importante hacerlo así). Después de crear las etiquetas para los siete días de la semana, deben verse como la Figura 13.8. Por último, agrega una tercera columna. Presiona el signo + a la derecha de la tabla y en el menú que aparece, dale nombre a la nueva columna, llámala *Imágenes,* en **Property type** *(Tipo de propiedad)* selecciona **Files & medía** *(Archivos y medios),* esto te permitirá agregar fotografías a esta columna. ¡Listo! ¡Has creado tu base de datos!

Ahora solo necesitas agregar contenido. En mi caso, en la columna *Receta* he agregado una lista de platillos mexicanos que me

Chiles Rellenos

<table>
<tr><td>Día</td><td>Miércoles</td></tr>
<tr><td>Imágenes</td><td></td></tr>
<tr><td>Add a property</td><td></td></tr>
</table>

Carlos Xuarez
¡Simplemente deliciosos!

Add a comment

Modo de Preparación

1. Coloca los chiles en un comal para asarlos, por completo. Después métetelos en una bolsa de plástico para que suden y se pueda desprender la piel fácilmente.
2. Rellena los chiles con pedazos de queso panela.
3. Cubre los chiles con abundante harina.

Figura 13.9: Página en la base de datos *Mis Recetas*, con receta y comentarios.

encantan. Como ya lo sabes, cada renglón de la primera columna contiene una página propia, por lo que si presionas **Open** (que aparece al mover el cursor sobre el nombre de cada platillo), se abrirá una página (Fig. 13.9), la cual tiene como propiedades las columnas *Día* e *Imágenes*. El cuerpo de dicha página, es el lugar ideal para colocar tu receta. Así que puedes agregar aquí no solo la receta completa, sino también tus comentarios y anotaciones (Fig. 13.9). Una vez que has agregado contenido a las diferentes páginas, nota que en los renglones que contienen información dentro del cuerpo de la página, en este caso la receta, aparece el ícono de una página, a la izquierda del nombre del platillo (Fig. 13.10), para que sepas que hay contenido adicional dentro de este elemento.

En la tercera columna vas a agregar una foto de cada receta. Estas fotos las puedes agregar ya sea arrastrándolas desde tu escritorio hasta la casilla correspondiente o dando clic en la casilla y siguiendo el menú que aparece en la opción **Upload** *(Subir)* para que puedas indicar que archivo cargar. Si se trata de una foto que está en un sitio web, puedes usar la opción **Embed link** *(Embeber enlace)*, donde puedes indicar la dirección correspondiente.

Una vez que tienes las recetas y sus fotografías dentro de la tabla, Selecciona cuales de esos platillos quieres preparar en la semana. Escoge un platillo para cada día de la semana, usando las etiquetas que creaste previamente, no necesitan estar en orden, tu tabla lucirá como la Figura 13.10.

Figura 13.10: Base de datos *Mis Recetas* en formato de tabla, con etiquetas e imágenes.

Esta es la tabla maestra que te permitirá agregar fácilmente nuevas recetas y donde podrás seleccionar cuales vas a preparar cada semana. Recuerda que las etiquetas se pueden poner y quitar cuantas veces quieras, para escoger fácilmente los platillos de cada semana y así ir variando tus comidas semanales. Aunque esta tabla es útil, no es la vista más adecuada, o más apetitosa, que puedes tener. Así que crearás una galería fotográfica a partir de la misma. Para hacerlo, presiona **Add view,** que aparece arriba a la izquierda de la tabla y escoge **Gallery view** *(Vista de Galería)*, presiona **Create** *(Crear).* Has creado una galería a partir de tus recetas.

Al hacer esto solo verás unos rectángulos con el nombre de la receta, necesitas pulirla un poco. Ve al menú *Propiedades* (Properties) y en la parte superior donde aparece la opción de **Card preview** *(Vista previa de la tarjeta)*, abre la flecha y escoge la columna *Imágenes* que contiene las fotografías. Al hacer esto notarás que de inmediato aparecen las imágenes en tu base de datos. Más abajo en ese mismo *menú de propiedades* también activa la propiedad *Día*, verás que los nombres de los días aparecen debajo de los platillos, aunque en desorden. También verás que algunas fotos no tienen etiqueta de día, ya que no se les asignó ninguna.

Para que nos muestre solo las fotos de las recetas de cada semana y oculte el resto vamos a *Filtrar* (Filter) las comidas correspondientes. Para esto presiona **add filter** *(agregar filtro)*, y una vez más **add filter** *(agregar filtro)* en el menú que aparece. En las opciones, abre la flecha de la primera casilla y selecciona *Día* (en lugar de *Receta*). En la opción de en medio selecciona **Is not empty** *(No está vacía)*. La tercera opción desaparece. Esto nos permitirá que la galería muestre solo las fotos de las recetas que fueron seleccionadas para esa semana y por lo tanto se les asignó un día, ocultando el resto. Recuerda que esto solo lo tienes que hacer una vez, esta configuración se guardará y funcionará automáticamente de ahora en adelante, aún cuando cambies las etiquetas de las recetas en las semanas subsecuentes.

Ya casi terminamos. Notarás que las recetas están en desorden, pero queremos que sigan el orden de los días de la semana. Así que ve al menú *ordenar* (sort) ábrelo y presiona **Add sort** *(Agregar orden)*. En la primera opción selecciona *Día* y la segunda déjala en *Ascending (Ascendente)*. ¡Listo! Ya tienes las fotos y recetas ordenadas de acuerdo al día que quieres prepararlas (Fig. 13.11). Nota que el orden establecido es el orden en que escribiste las etiquetas al crearlas en la columna *Día,* que en este caso fue siguiendo el orden de

◎ Mis Recetas

Figura 13.11: Galería fotográfica de la base de datos *Mis Recetas*. (Fotos: Carlos Xuárez).

los días de la semana. Si quieres modificar el orden en que aparecen o quieres que tengan un orden diferente, tienes que modificar desde ahí, ya que la opción **Sort (ascending /descending)** solo las ordena de manera *ascendente o descendente*, según dicho orden.

Has creado una base de datos que muestra una hermosa galería de imágenes de acuerdo a los platillos que quieres preparar cada semana. Cuando termine la semana solo ve a la *Vista de tabla* **(Default view)**, donde verás la tabla con todas las recetas. Ahí puedes reasignar las etiquetas para escoger otros platillos para la nueva semana. Después de hacer esto, regresa a la vista de galería, esta se habrá actualizado con los platillos correspondientes.

Puedes por supuesto seguir agregando nuevas recetas con sus fotografías indefinidamente, Este es solo un ejemplo de como crear una galería, puedes usar este tipo de bases de datos para ordenar y visualizar cualquier cosa que se te ocurra: tu colección de tazas, tus plantas, ilustraciones, las fotos de tus viajes, etc. tu imaginación como siempre es el límite.

Capítulo 14

Como Usar Notion Si Eres Estudiante

Otra área donde Notion te puede ayudar bastante, es en la vida escolar. Si estas en el colegio o tomando algún de curso. Notion te puede ayudar a organizar toda la información relacionada con los mismos. De tal manera que siempre tengas a la mano los datos que requieres, en un formato siempre disponible y con facilidad para compartir.

En esta sección veremos como crear desde el principio algunos ejemplos de páginas que puedes usar para organizar tu vida escolar. Comenzaremos con un organizador para tus cursos y después te veremos una funcionalidad de Notion que te puede ayudar a estudiar cualquier tema de tu interés. Finalmente te mostraré como insertar una vista de una base de datos en una página diferente, de manera que queden enlazadas.

Organizador Escolar

Supongamos que eres un estudiante que está preparando su espacio en Notion para iniciar un nuevo semestre, en donde tomarás 5 cursos. Lo primero que quieres registrar es el horario de tus clases, pero seguramente necesitas más que eso. Tal vez te gustaría tener   un sistema que te recuerde las fechas importantes, por ejemplo, cuándo entregar reportes, qué día tienes examen o alguna otra fecha importante. Para esto crearás una base de datos donde colectar toda la información necesaria.

Ve a la *Barra Lateral*, crea una *Nueva página* (New page), llámala *Nuevo Semestre,* escoge un ícono e imagen de portada que te guste. En la sección **Database** *(Bases de Datos)*, escoge la opción **Table** *(Tabla).* Aparece una nueva tabla en la página.

En la primera columna que dice *Name (Nombre)* anotarás el nombre de los cursos, así que da clic en el título *Name* y sustitúyelo por *Clase,* en la ventana que se abre. El *Tipo de propiedad* (Property **Type**) es **Title** *(Título)*, el cual no se puede cambiar por tratarse de la primera columna. En esa columna escribe algunos cursos, vayamos a los básicos: *Biología, Química, Matemáticas, Historia* y *Literatura*. Observa que al escribir el nombre de cada curso y presionar *Enter*, aparecen automáticamente, renglones en la parte baja de la tabla, lo que nos permiten ingresar todos los cursos fácilmente.

En la segunda columna que se llama *Tags*, selecciona el título y cámbialo por *Día*, que se utilizará para indicar los días de clase. En *Tipo de Propiedad* (Propierty **Type**) mantén **Multi-select** *(Selección múltiple).* Esto te permitirá agregar los días de la semana que corresponden a cada curso. Muévete al primer renglón y escribe *Lunes*, presiona el botón *Crear* (**Create**), al final del menú, para crear la etiqueta correspondiente. Haz lo mismo con el resto de los días laborables de la semana: *Martes, Miércoles, Jueves* y *Viernes,* presionando **Create** *(Crear)*, después de cada palabra, para crear cada etiqueta. Todos los días se han agregado al primer renglón. Mientras definimos el horario de clases, elimínalos, seleccionando el día y presionando la pequeña **x** que aparece a la derecha.

Crea una nueva columna. Presiona el signo más **(+)** arriba a la derecha de la tabla. Se abre el campo de columna nueva. En el espacio del título, donde dice *Column*, escribe *Entrega de Reporte* y el *Tipo de Propiedad* (Property **Type**) sustitúyelo por **Date** *(Fecha)*. De esta manera podrás asignar una fecha de entrega de reporte en esta columna.

Repite el procedimiento para agregar una cuarta columna. Llámala *Reporte* y asígnale el **Tipo de Propiedad** (Property Type) de **Files & media** *(Archivos & medios)* en esta columna se guardarán los archivos de los reportes correspondientes. Al terminar este proceso tu tabla debe lucir similar a la Figura 14.1.

🎒 Nuevo Semestre

+ Add a view   Properties   Filter   Sort   Q Search   ···   New ⌄

Aa Clase   ☰ Día   📅 Entrega de Reporte   @ Reporte

Biología

Química

Matemáticas

Historia

Literatura

+ New

Figura 14.1: Organizador escolar.

Ya que tienes lista tu tabla, regresa a la columna *Día* y asigna las etiquetas correspondientes al horario de clases. Simplemente da clic en cada casilla y selecciona el día correspondiente de la lista que aparece. *Biología* se impartirá los martes y jueves. A *Química* asígnale solo lunes y miércoles. *Matemáticas* será lunes, miércoles y viernes. *Historia* solo jueves y *Literatura* los lunes y viernes.

En la tercera columna, *Entrega de Reporte*, escoge un par de semanas, dos meses en el futuro y asigna arbitrariamente un día para entregar el reporte dentro de estas dos semanas a cada uno de los cursos, procura que no estén en orden. Para esto, da clic en una casilla y dentro del menú de calendario que aparece, avanza dos meses utilizando las flechas de la parte superior derecha, después selecciona un día en el calendario. De esta manera tendrás una época de entrega de reportes.

Ya has registrado los cursos, los días que se imparten y las fechas de entrega de reportes en tu base de datos. Ahora es tiempo de agregar información referente a cada curso. Aquí podrás observar el poder de Notion para almacenar información.

Cada celda de la primera columna (que tiene *Tipo de propiedad* de **Title** *(Título)* y se puede identificar por el símbolo **Aa** junto al nombre) de una tabla en Notion, contiene en si misma una página. Si mueves tu cursor sobre los diferentes renglones aparece la palabra **Open** *(Abrir).* Al dar clic, se abre una ventana superpuesta, en este caso para cada curso. Esta página contiene la lista de propiedades incluidas en la tabla. Aparece también la opción de agregar comentarios y al final el espacio en blanco. Este espacio, como lo hemos visto anteriormente, es perfecto para agregar el contenido del curso. El cual puedes agregar directamente en este espacio o mejor aún puedes agregar un índice de las diversas unidades o secciones de los temas a tratar en dicho curso.

Abre Biología y en el espacio en blanco agrega algunos capítulos del curso, escribe: *Unidad Uno, Unidad Dos y Unidad Tres*. Ahora selecciona los tres renglones que acabas de crear y desde el *Menú Múltiple* ⠿ conviértelos en páginas. Usando la opción **Turn into page** *(Convertir en página)* y luego selecciona la opción, **+ Add as sub-pages** *(Agregar como subpágina)*, esto creará tres páginas dentro de esta sección. Ya tienes una nueva página para cada unidad del curso de biología.

Ahora agrega algo de contenido a las

Figura 14.2: Propiedades de una página del organizador escolar.

mismas. Supongamos que en la Unidad Uno se hablará de la célula. Entra a dicha página y sustituye el título, en lugar de *Unidad 1*, escribe *1.- La Célula*. Puedes insertar un ícono o portada si lo deseas (Fig. 14.2). Después de esto, puedes añadir tu contenido, texto e imágenes en el cuerpo de la página.

De esta forma puedes ir agregando todos tus apuntes de esta unidad conforme vas avanzando en tu curso. Los cuales se mantendrán, organizados dentro de la base de datos, pero a la vez se encuentran en páginas independientes, por lo que los puedes mover de lugar si así lo decides en algún momento.

Sistema de estudio

Es momento de mostrarte una funcionalidad de Notion que es muy útil para repasar y estudiar para tus exámenes. Supongamos que tienes una lista de temas que te servirá de base para un examen. Una manera muy útil de estudiar con Notion, sabiendo que es muy efectivo para guardar información en la memoria, leer una pregunta y tratar de responder sin mirar la respuesta, es usar la opción **Toggle List** *(Lista Plegable).* Que te permite guardar un bloque de texto en su interior y abrirlo o cerrarlo, para mostrar u ocultar su contenido.

Preguntas

▶ ¿Qué es la célula?

▼ ¿Qué es un gen?

El ADN está formado por una cadena de ácidos nucleicos. El gen es un fragmento de ADN y contiene información para producir una proteína específica.

▶ ¿Qué dice la teoría de la biogénesis?

▼ ¿Cuál es la diferencia entre células procariotas y eucariotas?

Las principales diferencias entre las células procariotas (como las bacterias) es que no tienen organelos y su material genético no se encuentra en un núcleo como en las células eucariotas.

Figura 14.3: Sistema de preguntas con respuestas ocultas, usando *Listas Plegables* (Toggle list).

Puedes escribir la pregunta como título de la **Lista Plegable** *(Toggle List)* y escribir dentro de la misma la respuesta correspondiente, manteniéndola oculta. (Fig. 14.3) Esto te permitirá tratar de responder tus preguntas de memoria y si necesitas revisar la respuesta, puedes hacerlo ahí mismo fácil y rápido, abriendo la lista, volviendo a ocultarla nuevamente después de hacerlo. De esta manera puedes repasar la información de tus cursos y estudiar para tus exámenes, a la vez que mantienes unas notas ordenadas y con una gran presentación.

Insertando documentos

Regresando a la base de datos. Supongamos que has estado preparando tu reporte final para la clase de biología y una vez terminado el reporte, lo quieres guardar como un PDF y agregarlo como versión final a tu tabla de cursos.

Para esto, simplemente arrastra el archivo PDF del reporte desde tu computadora o insértalo, dando clic en la casilla correspondiente y escogiendo el archivo desde el menú de selección que se abre en la opción **Upload** *(Subir)*. También puedes añadir el link si es que ya está almacenado en un reservorio web usando la opción

Figura 14.4: Organizador Escolar con días de clases y fechas de entrega de reportes.

Embed link *(Embeber enlace)*. Así tendrás tu archivo disponible junto con el resto de la información de tu curso en un solo lugar. Como se trata de un PDF, lo puedes abrir directamente en tu navegador o lo puedes descargar nuevamente si lo deseas (Fig. 14.4).

Base de datos enlazada a otra página

Una cosa más, supongamos que quieres insertar una vista de la tabla de tu horario de clases en tu *Centro de Control*, que te muestre las fechas de entrega de reportes de tal manera que tengas presentes tus pendientes desde que ingresas a Notion.

Para esto ubícate en el *Centro de Control*. Coloca tu cursor en el punto donde quieras ubicar la tabla. Ahora escribe **/linked,** verás un menú que dice **Create linked database** *(Crear base de datos enlazada).* Selecciónalo. Aparecerá un campo de búsqueda donde encontrarás las bases de datos que has creado. Puedes escribir ahí mismo el nombre *Nuevo Semestre,* en el campo que dice **Search for database** o puedes seleccionarla de la lista que se muestra. Selecciona *Nuevo Semestre* y la base de datos que creaste previamente se insertará ahí mismo.

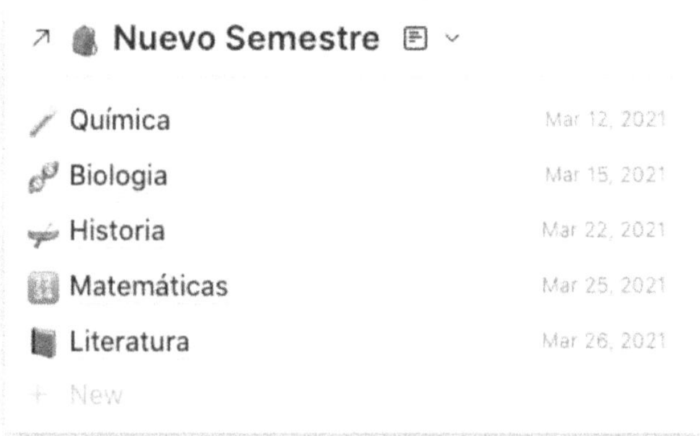

Figura 14.5: Vista de Lista simple del Organizador Escolar enlazado al *Centro de Control*.

Si te fijas, la tabla es idéntica a la original, pero la idea es crear una vista más sencilla. Para esto, presiona **+Add view** *(Agregar vista),* en el menú que aparece al mover el cursor a la derecha de el título *Nuevo Semestre.* Selecciona la opción de **List** *(Lista)*, escribe *Reportes* en el campo de texto de la parte superior y presiona el botón **Create** *(Crear).* Aparecerá una lista, sin líneas, mostrando las diferentes etiquetas y fechas. Presiona el menú *Tres Puntos (...)* a la derecha en la parte superior de la tabla y selecciona *Propiedades* **(Properties).** Verás la lista de propiedades, todas ellas activadas. Desactiva las columnas correspondientes a *Reporte* (el archivo) y la de *Día* (de clases). Solo deja activa *Entrega de Reporte.* Tienes ahora una versión simplificada de la tabla.

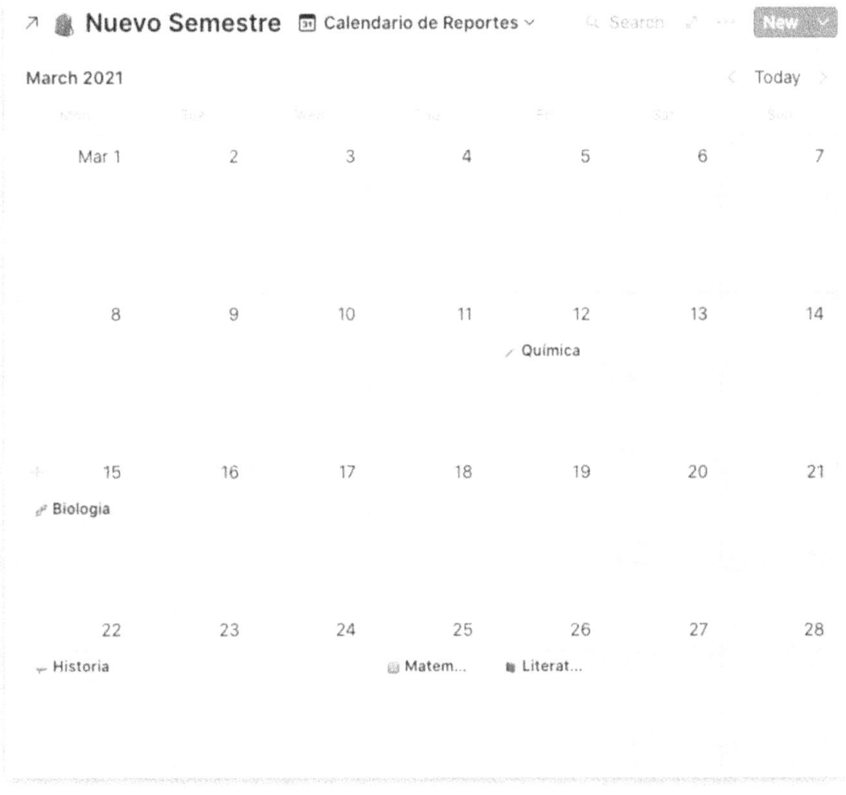

Figura 14.6: Vista de Calendario del Organizador Escolar enlazado al *Centro de Control.*

Sin embargo, observa que la lista de las fechas está en desorden. Quieres tenerla en orden. Así que vuelve al menú de los *Tres Puntos (...).* Escoge ahora **Ordenar** (**Sort**) y después **+Add a sort** *(Agregar un orden).* En la ventana que aparece, escoge *Entrega de Reporte* y **Ascending** *(Ascendente),* de esta manera los cursos se ordenan de acuerdo a la fecha de entrega del reporte, empezando por la más próxima (Fig. 14.5). Así tendrás una versión simplificada de la tabla en tu *Centro de Control,* donde podrás de un vistazo estar al tanto de la fecha de entrega de tus reportes. Observa que también puedes ingresar desde ahí, a las páginas de tus notas del curso que creaste dentro de la página *Biología* o puedes ir directamente a la tabla original (*Nuevo Semestre*) dando clic en el título de esta tabla.

Si lo prefieres, puedes también agregar una vista de calendario. Presiona *Reportes* a la derecha del título de la tabla y *agrega una vista* presionando **+Add a view.** En el menú que se abre escoge *Calendar (Calendario)*, llámalo *Calendario de Reportes* y presiona **Create** *(Crear).* Aparecerá un calendario mostrando el mes actual. Muévete al mes en el que asignaste la fecha de la entrega de reportes. Puedes cambiar de mes presionando las flechas arriba a la derecha donde dice **Today** *(Hoy).* Hazlo hasta llegar al mes correspondiente. Ahí verás indicadas las fechas de entrega de cada reporte (Fig. 14.6). Si quieres regresar al día actual, solo presiona **Today** *(Hoy).*

Una vez que las has creado, puedes cambiar entre una y otra vista según lo necesites. Puedes incluso agregar más vistas si así lo deseas. Estas se mantendrán siempre disponibles y actualizadas.

Capítulo 15

Como Usar Notion Para Organizar Tu Trabajo

En este punto seguramente ya has descubierto numerosas maneras en las que puedes usar Notion para organizar y facilitar tu trabajo. En esta sección te mostraré un par ideas más que te pueden ser útiles para desempeñar tu actividad laboral, ya sea individualmente o como parte de un grupo de trabajo. Primeramente veremos cómo crear un sistema que permita llevar el registro de los procesos de ventas de un negocio, usando una base de datos, que puede convertirse en un tablero de etapas y con vistas específicas para resaltar cierto tipo de información. Después revisaremos como crear tablas que incluyan fórmulas para realizar cálculos matemáticos, usando como ejemplo el cálculo de calificaciones para los alumnos de un curso.

Sistema de Gestión de Clientes

En este ejercicio, crearás una herramienta muy útil en cualquier ámbito comercial. Un *Sistema de Manejo de Clientes* o CRM *(Customer Relationship Management)*. Se trata de un tablero que te permitirá monitorear el avance de las diversas etapas en un proceso de venta. Una funcionalidad donde Notion realmente es extraordinario.

Para comenzar, ve de nuevo al *Centro de Control,* después a la sección de *Proyecto* y finalmente a la página *Tarea 3,* sustituye el nombre por *Ventas,* agrega un ícono que te guste. Ve al centro de la misma y en la sección **Database** *(Bases de Datos)* escoge **Table** *(Tabla).* Aparecerá una tabla con 2 columnas. La primera de ellas llamada **Name** *(Nombre).* Da clic en el título y cámbialo por *Cliente,* el *Tipo de Propiedad* (**Property Type**) se mantiene como **Title** *(Título),* ya que en la primera columna no es posible cambiar el tipo de propiedad. La segunda columna se llama *Tags (Etiquetas),* da clic en ella y cambia el nombre de *Tags* por *Compañía,* cambia también el *Tipo de Propiedad* (**Property Type**) por *Texto* (**Text**). Presiona el signo más (**+**) a la derecha de la tabla para crear las siguientes columnas y asignarles los respectivos Tipos de Propiedad (entre paréntesis): *Estatus* (**Select,** *Seleccionar). Prioridad* (**Select,** *Seleccionar*), *Valor Estimado* (**Number,** *Número), Responsable de la cuenta (**Person, Persona**), email (**email**), Teléfono* (**Phone, Teléfono**), *Fecha de cierre esperada* (**Date,** *Fecha), Último contacto* (**Date,** *Fecha*) y *Agregado en* (**Created time,** *Fecha de Creación,* se encuentra opciones avanzadas). Al terminar tu tabla se vera similar a la Figura 15.1. Esta será la tabla maestra, a partir de la cual puedes generar diferentes *vistas* donde se resalten los aspectos más significativos de la información, para que puedas visualizar fácilmente los datos más importantes.

Figura 15.1: Tabla del *Sistema de Gestión de Clientes.*

Para lograr esto, primero vamos a agregar etiquetas a algunas columnas que lo requieren. Empieza con la columna de *Estatus,* a esta columna le diste el *Tipo de propiedad* **Select** *(Seleccionar),* por lo que puedes crear una serie de etiquetas, para posteriormente asignarlas de acuerdo a tu conveniencia. Da clic en un renglón vacío y escribe *Prospecto*, en el campo que se abre en el menú, presiona **Create** *(Crear).* Se creará una etiqueta. Repitiendo este procedimiento, en esa misma columna, escribe el resto de las etiquetas: *Evaluando, Propuesta, Negociación, Cerrado, Perdido.* Estas etiquetas corresponden a las etapas de venta que puedes asignar a cada proyecto. Agrégalas en este orden, ya que así podrás mantener el mismo al cambiar a otras vistas (Fig. 15.2).

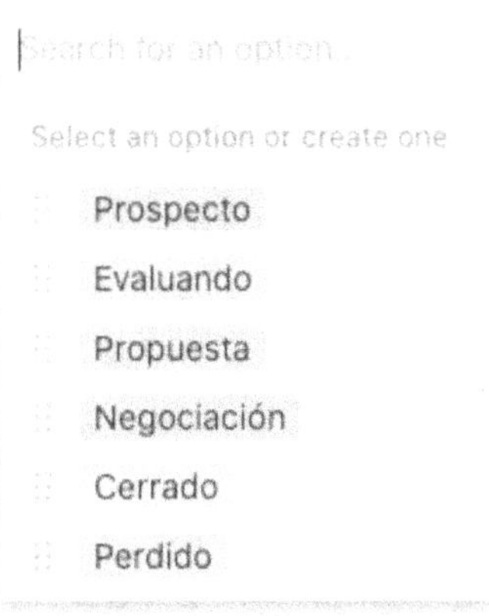

Figura 15.2: Etiquetas creadas en la columna *Estatus*.

Muévete ahora a la columna *Prioridad*. Aquí crearás tres etiquetas solamente, *Baja, Media y Alta*. Repite el procedimiento anterior, escribe *Baja*, presiona *Create* (para crear la etiqueta) y repite para crear *Media* y *Alta*. Una vez que tienes las tres etiquetas, para visualizarlas más fácilmente, Asigna un color más representativo a cada una de ellas. Para esto da clic en un renglón vacío, para abrir el menú de opciones, mueve el cursor sobre la etiqueta *Baja*, aparecerá el menú **Tres Puntos (...)** a la derecha, da clic para abrirlo y aparecerá el menú para escoger el color de la etiqueta. También verás un campo donde puedes editar el nombre de la etiqueta, si quieres hacer algún cambio. Aparece también la opción de **Borrar** (Delete) si quieres eliminar alguna etiqueta. En este caso asignaremos el color amarillo a la etiqueta *Baja*, Repite este procedimiento con la etiqueta *Media,* asígnale el color Naranja. Por último a la etiqueta *Alta* asígnale el color Rojo. ¡Listo! Esto te ayudará a captar de un vistazo la prioridad de cada proyecto, identificando fácilmente el color de cada etiqueta (Fig.15.3). No necesitamos agregar más etiquetas en el resto de las columnas.

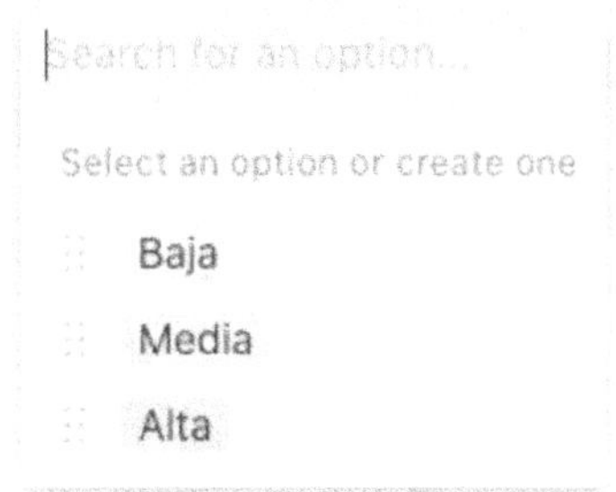

Figura 15.3: Etiquetas en la columna *Prioridad*, con código de colores.

En el caso de *Responsable de la Cuenta,* al abrirlo debe aparecer la lista de personas con las que puedes compartir información, por default solo aparecerás tu. Si ya has agregado a alguien como invitado, aparecerá en esta lista y podrás elegirlo. Si formas parte de un equipo de trabajo, esta lista se poblará automáticamente con los miembros de tu equipo y podrás seleccionar a cualquiera de ellos.

El *Valor estimado* se refiere al valor de la oportunidad, es decir cuánto esperarías obtener en caso de concretarse la venta. El resto de las columnas son autoexplicativas. Ahora que ya definiste las columnas y sus etiquetas. Es hora de llenar la tabla con algunos datos a manera de ejemplo. Después de agregar información, tu tabla debe lucir parecida a la Figura 15.4. Ten en cuenta que no se muestran todas las columnas.

Ventas

Table View ˅   Properties Filter Sort Search ··· New

Cliente	Compañia	Estatus	Prioridad	Valor Est...	Email	Telefono	Fecha de Cierre...
Luisa Juarez	CaMex	Negociacion	Alta	$120,000.00	L.juarez@camex.com	415-462-2938	Oct 5, 2020
Ricardo Rangel	Medira	Propuesta	Media	$40,000.00	rrm@medira.com	415-928-2938	Oct 29, 2020
Angelica Jimenez	Sosiyali	Prospecto	Baja	$10,000.00	Angelica.J@sosiyali.com	415-928-4622	Oct 30, 2020
Edgar Origel	BrocoGate	Negociacion	Alta	$75,000.00	Origel@brocogate.com	415-462-2938	Oct 8, 2020
Guadalupe Razo	Continet	Perdido	Baja	$8,000.00	RazoG@continet.com	462-928-2938	Nov 19, 2020
Rodrigo Oliveros	Verdex	Cerrado		$56,000.00	Rodrigo.O@verdex.com	462-462-2646	Sep 17, 2020

Figura 15.4: Tabla del *Sistema de Gestión de Clientes*, con ejemplos de datos ingresados. (No incluye todas las columnas).

Ahora que ya está lista la tabla principal, jugaremos un poco con diferentes vistas para resaltar diferentes aspectos de la información.

Tablero Kanban

Lo primero que haremos, será crear una vista de *Tablero* (Board) donde podrás ubicar fácilmente en que etapa se encuentra cada proceso de venta. Para esto ve a + **Add a view** *(Agregar vista)* en la parte superior izquierda de la tabla, debajo del título. Selecciona crear una *Vista de Tablero* (Board), a la cual le llamarás *Etapas*. Ahora abre el menú **Group by** arriba a la derecha del tablero y selecciona la columna *Estatus*. Se creará un tablero, con varias columnas, correspondientes a cada una de las etiquetas que creamos en la columna *Estatus*.

Después ve al menú de *Propiedades* (Properties), ahí puedes elegir cuáles de estas mostrar en las tarjetas del tablero. Mantén activas solo: *Cliente*, *Compañía* y *Valor Estimado*; apaga el resto.

Para que en cada columna aparezcan primero las entradas más antiguas y abajo las más recientes, ve a *Orden* (Sort), elige *Agregar un orden* (**Add a sort**) y selecciona en la primera opción *Agregado en* (**Created time**) y en la segunda *Ascendente* (Ascending). Ya tenemos el tablero donde podrás ir registrando los avances en cada uno de tus proyectos de ventas.

Recuerda que puedes arrastrar las tarjetas, de una columna a otra, conforme vayas requiriendo. Los cambios que hagas en esta lista se verán reflejados en la tabla maestra y en todas las vistas subsecuentes. El resultado final, será un tablero similar al que se observa en la Figura 15.5.

Ventas

Etapas ˅

Properties Group by Estatus Filter Sort Search New

Prospecto	Propuesta	Negociacion	Cerrado	Perdido
Angelica Jimenez	Ricardo Rangel	Edgar Origel	Rodrigo Oliveros	Guadalupe Razo
Sosiyali	Medira	BrocoGate	Verdex	Continet
$10,000.00	$40,000.00	$75,000.00	$56,000.00	$8,000.00
		Luisa Juarez		
		CaMex		
		$120,000.00		

Figura 15.5: Vista de tablero Kanban de las diferentes etapas de venta del *Sistema de Gestion de Clientes*.

Filtrado por prioridad

A continuación crearemos una tabla con base en la *Prioridad* de cada proyecto. Una tabla que nos muestre únicamente los proyectos que tienen *Alta prioridad.* Aunque puede parecer redundante en una tabla con pocos proyectos, este tipo de visualizaciones son muy útiles cuando se tienen una gran cantidad de eventos y quieres concentrarte en los más urgentes.

Nuevamente vamos a **Add a view (***Agregar vista),* arriba a la izquierda de la tabla, selecciona *Tabla* (Table), llámala *Alta Prioridad*, presiona **Create** *(Crear)*. Verás nuevamente la misma tabla que ya conoces. Pero ahora vas a filtrar las opciones de *Alta Prioridad*. Ve a *Filtrar* (Filter), presiona *Agregar un filtro* (**Add a filter**), repite y escoge *Prioridad* en la primera lista de opciones. En la lista de en medio, selecciona *Es* **(Is).** En la tercera lista de opciones, escoge *Alta.* (Fig. 15.6) Sal del menú, dando clic fuera de este.

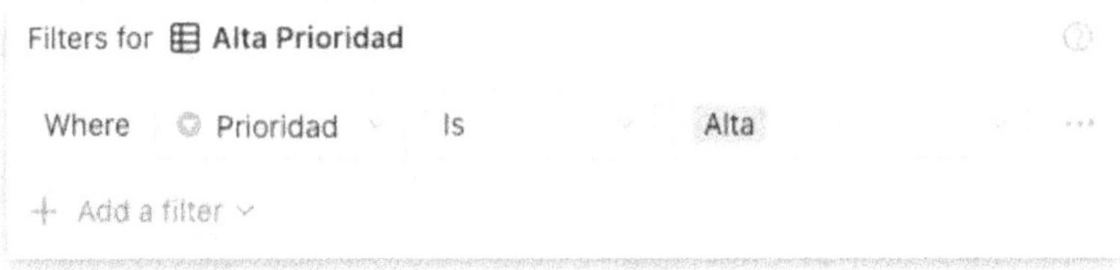

Figura 15.6: Filtro de *Prioridad* alta.

Para que aparezcan primero los proyectos más recientes y después los más antiguos. Ve al menú **Sort** *(Orden),* luego *Agregar un orden* (**Add a sort**). Selecciona *Agregado en* en la primera lista y después **Descending** *(Descendiente)* en la segunda (Fig. 15.7).

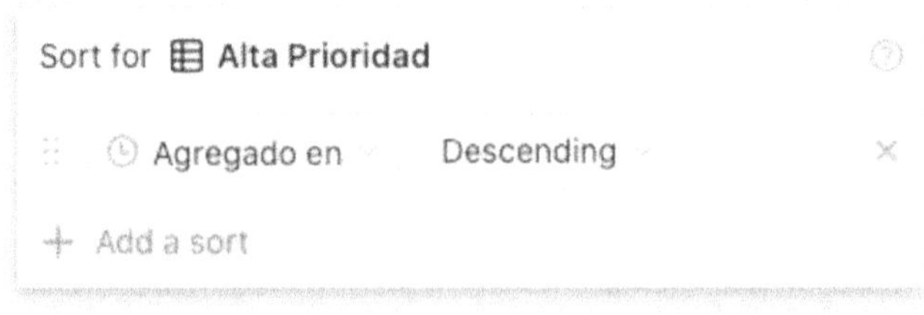

Figura 15.7: Estableciendo orden descendente (Descending) según la fecha de creación de los proyectos.

Listo. Tenemos una vista de tabla que muestra solo los proyectos que son *Alta Prioridad*, empezando por el más reciente. Esto te permitirá que enfoques tus baterías en estos proyectos. El resultado final debe ser algo parecido a la Figura 15.8. Nota que no se muestran todas las columnas.

Figura 15.8: Vista de los proyectos con *Prioridad* alta en el *Sistema de Gestión de Clientes*. (No incluye todas las columnas).

Filtrado por valor estimado

Por último crearemos una tercera vista de tabla, de las propuestas que representan una mayor oportunidad en términos de *Valor Estimado* de venta. Para saber de inmediato qué oportunidades significan ingresos más altos a tu negocio y que por lo tanto debes prestar atención especial. Para esto nuevamente ve a **Add a view (Agregar Vista)**, arriba a la izquierda de la tabla. Selecciona *Tabla* **(Table)**, llámala *Valor Estimado>100K* ya que queremos que esta tabla solo nos muestre propuestas con valores mayores a 100 000 en ventas. Presiona aceptar. Verás nuevamente la tabla con todos tus datos. Ahora procederemos a filtrar la información.

En *Filtrar* (Filter) presiona, *Agregar filtro* (Add a Filter), repite y escoge *Valor estimado* en la primera lista de opciones. En la lista de en medio selecciona el símbolo *mayor que* (>), estas opciones aparecen automáticamente, ya que esta columna tiene como tipo de propiedad un número. Por último, en la tercera lista de opciones, escribe *100000*, para que solo muestre las oportunidades de ventas en las que esperamos un ingreso superior a los 100 000 (Fig. 15.9). Sal del menú dando clic fuera de este.

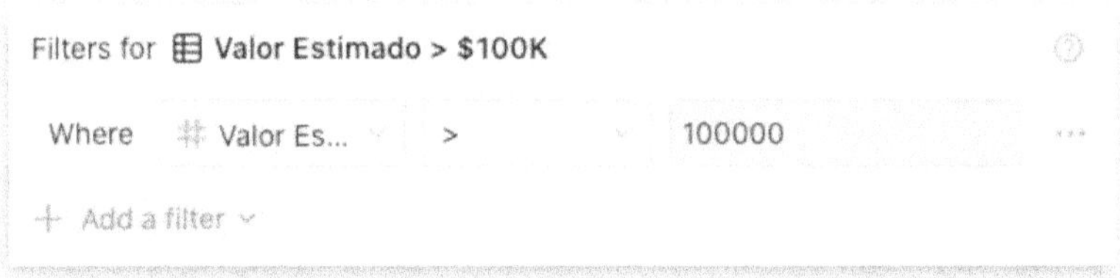

Figura 15.9: Filtro de *Valor Estimado* superior a 100 000.

Para que aparezcan primero los proyectos más recientes y después los más antiguos, ve al menú **Sort** *(Orden)*, después *Agregar un orden* (**Add a Sort**) y selecciona *Agregado en* y después **Descending** *(Descendiente)* (Fig. 15.10).

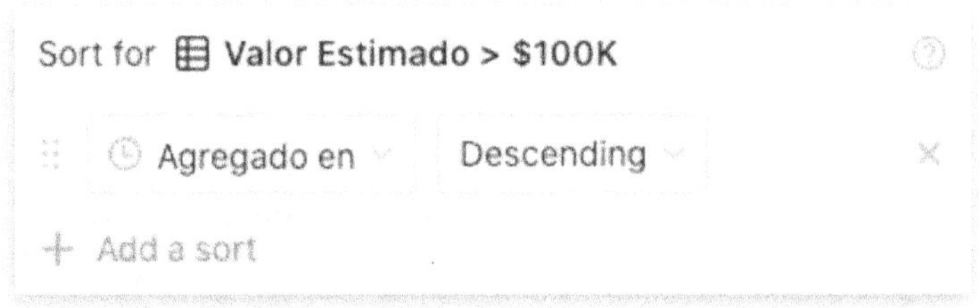

Figura 15.10: Estableciendo orden descendente (Descending) según la fecha de creación de los proyectos.

Listo, ya tienes una tabla donde solo aparecen los proyectos de alto valor, esto te permitirá tener una idea más clara de donde enfocar tus esfuerzos. Recuerda que no es necesario crear todas estas vistas en la misma página. Puedes embeber una tabla en tu página de inicio, como lo vimos en el capítulo anterior. Insertar una tabla solo con los proyectos de alto valor, por ejemplo, así al abrir Notion tendrás a la vista lo más importante en que trabajar durante el día. El resultado final de esta vista será similar a la Figura 15.11. Considera que no se muestran todas las columnas.

Figura 15.11: Vista de los proyectos con *Valor Estimado* superior a 100 000 en el *Sistema de Gestión de Clientes*. (No incluye todas las columnas).

Usando fórmulas matemáticas

Una funcionalidad fácil de olvidar, es que en Notion también puedes introducir fórmulas matemáticas en tus bases de datos para realizar cálculos. En este ejemplo te voy a mostrar un caso donde se realizan algunas operaciones aritméticas básicas. En este caso nos limitaremos a fórmulas muy sencillas, pero ten en cuenta que en las bases de datos en Notion se pueden introducir todo tipo de fórmulas para trabajar con tus datos.

Calculando calificaciones finales

En este ejercicio haremos una tabla que te permitirá calcular las calificaciones de una clase. Supongamos que eres un profesor que quiere determinar las calificaciones de sus alumnos, las cuales dependen de los trabajos realizados durante el curso y de los resultados obtenidos en los exámenes.

Para esto, lo primero es ir al *Centro de Control*, entra a la sección de *Proyecto* y escribe *Calificaciones* en un espacio disponible. Crea una nueva página a partir de esta palabra usando la opción **Turn Into page** *(Convertir en Página)* dentro del **Menú Múltiple** ⠿. Ya que tienes lista esta página, inserta una nueva tabla desde la sección de **Database**, escogiendo *Tabla* (Table).

Ahora supongamos que la manera de calificar el curso es la siguiente: Los alumnos entregarán dos reportes (que se califican del 1 al 100) y presentarán dos exámenes durante el curso (que también se califican del 1 al 100), el promedio de los dos reportes valdrá el 40% de la calificación y el promedio de los dos exámenes valdrá el 60% de la calificación. Por lo que necesitas crear una tabla con una columna para los nombres de los alumnos, 4 columnas para las calificaciones de los reportes y exámenes y una más para la calificación final.

La primera columna de la tabla contendrá los nombres de los alumnos. Cambia el título de *Name* por *Nombre,* el ***Tipo de Propiedad*** (**Property Type**) continuará como **Title** *(Título)*. Modifica la columna siguiente y crea tres nuevas; para obtener cuatro columnas con los nombres de: *Reporte 1, Examen 1, Reporte 2* y *Examen 2*. A estas columnas en el **T***ipo de propiedad* (**Property type**) asígnales **Number** *(Número)*. Por último crea una nueva columna a la que llamarás *Calificación Final,* escogiendo como ***Tipo de propiedad*** (**Property type**) y elige la opción **Formula** *(Fórmula)*, que se encuentra dentro de la sección ***Avanzada*** (**Advanced**). Recuerda que el ícono a la izquierda del título de cada columna, indica el tipo de datos que contiene: Aa, título; #, números y Σ (sigma) indica que la columna contiene una fórmula para calcular su contenido. Después de hacer esto tu tabla lucirá como la Figura 15.12.

Figura 15.12: Tabla para el cálculo de calificaciones finales.

La tabla está lista. Ahora ingresa algunos datos de calificaciones tanto de reportes como de exámenes, para poder calcular la calificación final. Después de ingresar los datos debes tener algo parecido a la Figura 15.13.

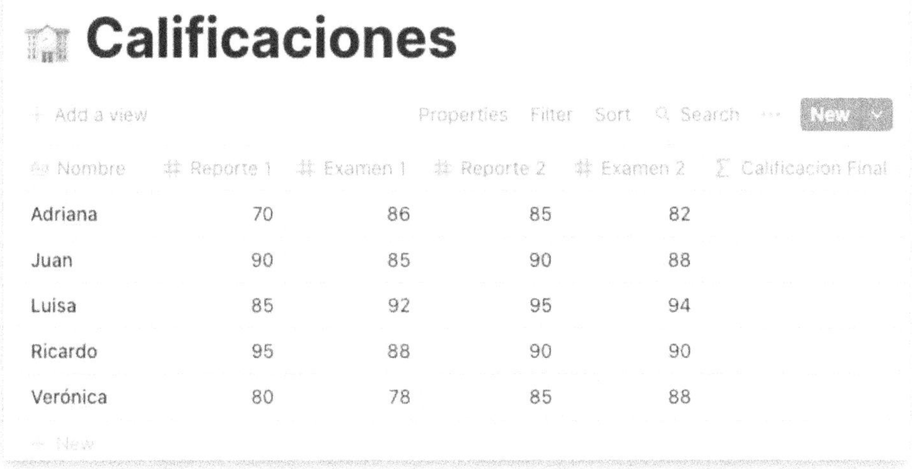

🏛 Calificaciones

Nombre	# Reporte 1	# Examen 1	# Reporte 2	# Examen 2	Σ Calificación Final
Adriana	70	86	85	82	
Juan	90	85	90	88	
Luisa	85	92	95	94	
Ricardo	95	88	90	90	
Verónica	80	78	85	88	

Figura 15.13: Tabla calificaciones con datos ingresados.

Ahora viene la parte interesante, ¡Crear la fórmula! Notion facilita el manejo de fórmulas tratando de hacerlo lo más sencillo posible. Al hacer clic en una casilla vacía de la columna *Calificación Final*, se abrirá el siguiente menú (Fig. 15.14):

Figura 15.14: Menú para ingresar fórmulas para el cálculo de calificaciones finales.

En la columna de la izquierda en la sección de **Properties** *(Propiedades)* aparece el nombre de tus columnas. Lo que haremos es dar clic el nombre de la columna *Reporte 1*, al hacerlo ve que aparece en el campo superior como *"Reporte 1"* (Fig. 15.15).

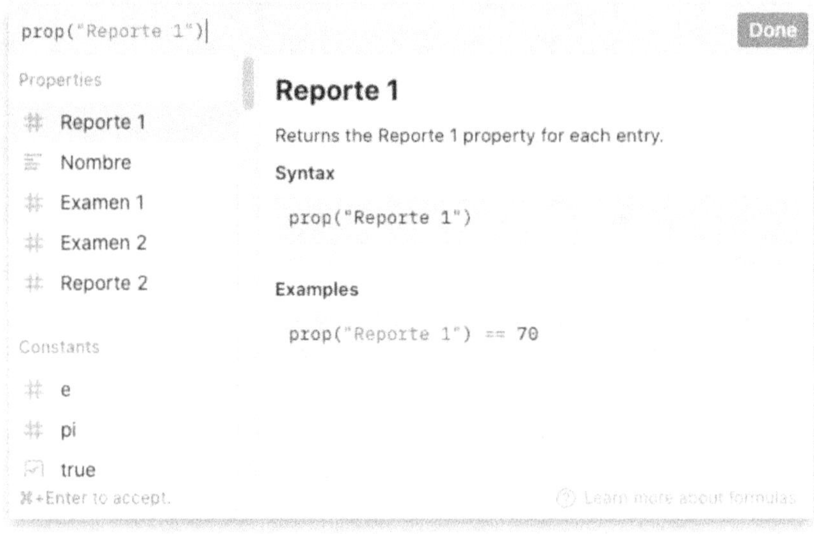

Figura 15.15 Selección de la columna (*Reporte 1*) para utilizar en el cálculo de las calificaciones finales.

Ahora con el teclado agrega el signo de sumar y selecciona *Reporte 2*. Como necesitas el promedio de los dos reportes, la suma de las calificaciones de los reportes divídela entre dos y como los reportes valen el 40% de la calificación, multiplica por 0.4. Agrega estos valores y los paréntesis correspondientes con el teclado, debes obtener algo similar a la Figura 15.16.

Ahora repite el procedimiento anterior para sumar las calificaciones de los exámenes. Escoge *Examen 1* de la columna de **Propiedades** (**Properties**), agrega el signo más (**+**), clic en *Examen 2* en la misma columna. Después divide entre dos para obtener el promedio y como los exámenes valen el 60 % de la calificación, multiplica por 0.6. Recuerda que las calificaciones de los exámenes se deben sumar a las de los reportes por lo que la versión final de la fórmula debe verse como la Fig. 15.17.

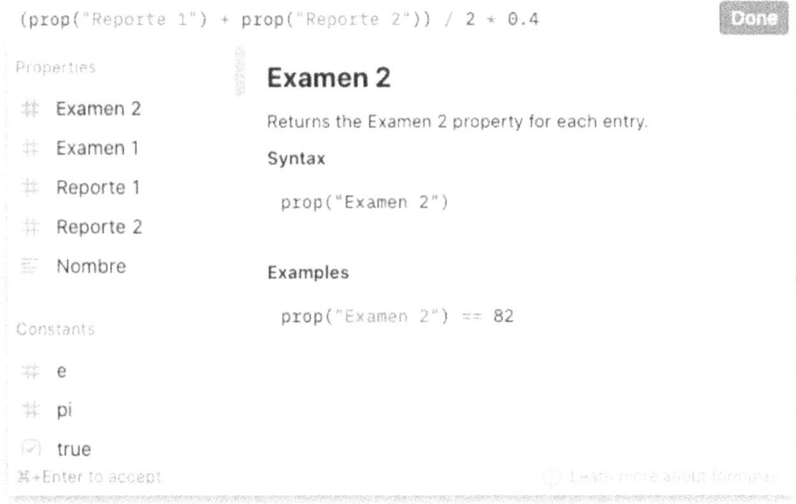

Figura 15.16: Selección de las columnas (*Reporte 1 y 2*) e ingreso de fórmula para utilizar en el cálculo de calificaciones finales.

Notion revisa que tu fórmula realmente se pueda calcular, por lo que si existe algún error al escribir la fórmula, el botón azul de **Done** *(Hecho)* estará ensombrecidos y no podrás presionarlo. Si esto te sucede, revisa tu fórmula, en particular los paréntesis. Si todo está en

Figura 15.17: Fórmula completa para el cálculo de calificaciones finales.

orden, podrás presionar *Hecho* (**Done**) y Notion calculará las calificaciones en tu tabla. Una vez hayas escrito la fórmula en la columna correspondiente de tu tabla, podrás ingresar más alumnos si lo deseas y las calificaciones se calcularán automáticamente conforme vayas introduciendo los valores correspondientes a cada alumno (Fig. 15.18).

Notion soporta fórmulas avanzadas, operadores booleanos (cierto/falso), cálculos de días y varias funciones más que ya vienen incluidas. Aunque esta guía es para principiantes, incluimos este tema

🏛 Calificaciones

Nombre	# Reporte 1	# Examen 1	# Reporte 2	# Examen 2	∑ Calificacion Final
Adriana	70	86	85	82	81.4
Juan	90	85	90	88	87.9
Laura	85	92	95	94	91.8
Ricardo	95	88	90	90	90.4
Verónica	80	78	85	88	82.8

Figura 15.18: Tabla con las calificaciones finales calculadas.

para que estés al tanto de la existencia de esta funcionalidad y aunque es poco probable que sustituya tu tabla de Excel si requieres ejecutar una gran cantidad de cálculos, en algunos casos, como en el que se muestra aquí, es una herramienta muy útil, ya que puedes mantener los datos de las calificaciones junto con el resto de información de tus cursos.

A lo largo de estos capítulos hemos revisado los fundamentos de como usar Notion. Has aprendido los menús básicos y la manera de agregar y transformar elementos en las páginas. Creaste un centro de control que te servirá de punto de partida al iniciar sesión en Notion. Exploramos la manera de crear bases de datos, como modificar sus elementos y examinamos distintas opciones para visualizarlas: tabla, tablero, calendario, galería y línea de tiempo. En los últimos capítulos te mostré algunas ideas de proyectos que te pueden ayudar a facilitar diferentes actividades en tu vida personal, escolar y laboral.

Espero que estas ideas de proyectos te hayan inspirado a crear los tuyos propios, para conservar, organizar y compartir toda la información que manejes en tu vida diaria. Considerando las amplias capacidades que te brinda su interfaz, seguramente te permitirá eliminar una que otra aplicación de tu caja de herramientas digitales y podrás consolidar gran parte de tu información en un sistema flexible y poderoso como es Notion.

Apéndice

Atajos realmente útiles

Una vez que empiezas a usar Notion, te darás cuanta que hay varias acciones que te gustaría hacer más rápido, con menos clics. Aunque muchas personas no gustan de usar combinaciones de teclas (shortcuts) para realizar acciones dentro de una aplicación. En esta sección te mostraré algunos atajos que son realmente útiles.

Notion cuenta con una cantidad impresionante de atajos o shortcuts para realizar muchas acciones dentro de la aplicación. Me atrevería a decir que prácticamente todo se puede hacer con una combinación de teclas. Pero aquí te presentaré las combinaciones de teclado que realmente si vas a usar.

- **Abrir una página en una nueva pestaña:** Aunque no es propiamente un atajo si es una combinación de teclas y mouse que te será muy útil. Cuando quieres abrir un enlace de Notion en una pestaña nueva de tu navegador, sin abandonar la página en al que te encuentras. Habrás notado que el clic derecho del mouse, para abrir un enlace en una nueva pestaña no funciona dentro de Notion (con excepción del *Directorio*), así que la mejor opción es usar **cmd + clic** (Mac) o **ctrl + clic** (PC) en el enlace, la página se abrirá en una pestaña nueva y podrás seguir trabajando en tu pestaña actual.

- **Modo oscuro:** Una opción que está escondida dentro de **Settings & Members** en la *Barra Lateral*, es la opción para cambiar el color de Notion de blanco a oscuro. Si trabajas durante la noche y quieres cambiar a un color oscuro el tema de Notion, para que sea más suave a tus ojos cuando hay poca luz, puedes usar la combinación **cmd/ctrl + shift + L**. Esta combinación de teclas cambiará alternadamente entre el modo obscuro y modo blanco el tema de Notion.

- **Quick Find:** Si quieres buscar algo rápidamente sin visitar la *Barra Lateral*, puedes ingresar al menú de búsqueda rápida **Quick Find** usando **cmd/ctrl + p,** esta combinación abrirá la ventana de búsqueda justo donde te encuentras. Dicha ventana también te permitirá ver las páginas visitadas recientemente, para que puedas navegar desde ahí rápidamente.

- **Insertar Emoji:** Si quieres agregar un emoji dentro del cuerpo de alguna de tus páginas. Solo escribe dos puntos **(:)** seguidos por el nombre del emoji que quieres insertar. Por ejemplo, **:dog** y el menú de selección de emojis te mostrará las opciones de emoji existentes. Si no sabes cómo se llama el emoji, no importa, solo escribe los **dos puntos y cualquier letra,** el selector de emojis aparecerá y desde ahí podrás seleccionar con tu cursor el emoji correcto. Otra manera de ingresar al selector de emojis es usando el shortcut **cmd+ctrl+barra espaciadora** en Mac o **Windows key+ : (Dos Puntos)** en Windows.

Markdown: Existe una sección completa, dedicada a Markdown, que te permite dar formato a tus textos, cambiar los tipos de bloques, editarlos y mover bloques dentro de Notion usando tu teclado.

Puedes consultar la lista completa de atajos en la ayuda de Notion en esta página:

https://www.Notion.so/Learn-the-shortcuts-66e28cec810548c3a4061513126766b0

Exportando una página de Notion a PDF

Supongamos que quieres guardar una página, ya sea de tu blog o alguna tabla que escribiste en Notion a manera de respaldo o quieres imprimirlo para compartirlo con alguien. Notion también te permite exportar cualquier página para guardarla como un PDF.

Para exportar una página de Notion a PDF, ve al menú de *Tres Puntos (...)* en la esquina superior derecha de la pantalla, escoge *Exportar* (Export), aparecerá un submenú de exportar con algunas opciones del tipo de archivo que puedes escoger, como PDF (ideal para imprimir y enviar), como un archivo HTML (web) o CSV, si se trata de bases de datos. También ahí se incluye la opción de exportar como texto con formato Markdown.

Selecciona PDF como *Formato a exportar (Export format)*. Te pedirá también que selecciones el *Formato de página* (tamaño carta, oficio, etc.) que quieres obtener **(Page format)**, elígelo y presiona *Exportar* (Export). Te pedirá que selecciones el lugar donde quieres guardar tu archivo nuevo y listo. Se guardará como PDF. Si estas guardando una base de datos como PDF, esta se exportará como la primera vista de la base de datos que hayas creado y el título de las columnas se mostrará primero. No se exportarán los filtros que hayas aplicado.

En los planes de empresa, también te ofrecerá la opción de *Guardar las subpáginas* **(Include subpages)**. Esta opción generará un archivo comprimido *(zip)*, con todas las páginas que contenga la página seleccionada.

Opciones de Configuración (Settings & Members)

Abundaremos ahora un poco en las opciones de configuración que aparecen en el campo que se abre cuando ingresas dentro de **Settings & Members** ubicado en la *Barra Lateral*. Verás que se abre una ventana con un nuevo menú a la izquierda, dentro de este encontrarás varias pestañas:

My Account:

- Aquí se encuentra tu perfil personal. Puedes agregar una imagen que te identifique. Es la *Foto* (**Photo**) que verá un invitado cuando quieras compartir una página con alguien más, representa a tu persona, escoge algo que te agrade.
- Desde aquí, puedes también, cambiar el *correo electrónico (email)* asociado a tu cuenta de Notion,

- Cambiar tu *contraseña* de acceso (**Password**)
- *Salir de todas tus sesiones de Notion,* si estás conectado en múltiples dispositivos (**Log out of all devices**). Con excepción de la sesión desde donde estés ingresando en ese momento.
- Aquí también se encuentra la *Zona de peligro* (**Danger Zone**) donde puedes *Borrar tu cuenta permanentemente* (**Delete my account**) si así lo deseas.

Mis Notificaciones (My Notifications):

Desde aquí puedes controlar las diferentes notificaciones que te envía Notion. Pueden ser de diferentes tipos:

Notificaciones en el celular (**Mobile push notifications**): Aquí puedes decidir, si quieres recibir notificaciones en tu teléfono celular, sobre comentarios o menciones de tu persona, que se hagan en las páginas compartidas con tu equipo de trabajo. Requiere que la aplicación de Notion esté instalada en tu celular.

Notificaciones por email (**Email notifications**): Activa esta opción, si quieres recibir avisos por correo electrónico cuando alguien modifique, comente o edite alguna página que estés siguiendo.

Siempre enviar notificaciones por email (**Always send email notifications**): Activa esta opción si deseas recibir emails, de las acciones previamente mencionadas, incluso mientras estés trabajando en Notion.

Mis aplicaciones Conectadas (**My connected apps**): Desde aquí puedes conectar aplicaciones externas a tu cuenta, para poder compartir información que tengas almacenada en alguna de estas. Hasta el momento funciona con Google Drive, Evernote, Trello y Asana. Si tienes cuentas en estas aplicaciones, puedes enlazarlas con tu página de Notion.

Idioma y Región (**Lenguage & region**): Puedes ajustar el idioma en que quieres ver Notion actualmente solo puedes escoger entre inglés y coreano.

También puedes elegir si empieza tu semana en domingo o en lunes en los calendarios de la aplicación.

Gana Créditos (Earn Credits): Este es un programa de recompensa que te da créditos para poder usar la versión pagada, con el plan Personal Pro, durante algunos meses. Puedes ganar créditos por diversas acciones como: Acceder vía web; ingresar en la app de tu computadora; desde la app de tu teléfono móvil; si importas tu cuenta de Evernote; usar el *Web Clipper* en Chrome o usar compartir a Notion en iOS o Android.

Opciones de Configuración del Espacio de Trabajo

Así mismo tienes la opción de configurar las opciones de tu espacio de trabajo. Estas son útiles si tienes espacios de trabajo compartidos o cuenta de empresa.

Configuración del espacio de trabajo (Workspace Settings):

Name *(Nombre)*: Aquí puedes darle nombre a tu espacio de trabajo. Puedes usar tu nombre o el de tu equipo de trabajo. Este no es tu espacio personal, es el nombre del espacio que verán los demás colaboradores como tu espacio de trabajo.

Icon *(Ícono)*: Agrega una imagen para identificar tu espacio de trabajo. Aparecerá en la *Barra Lateral* y las notificaciones.

Domain *(Dominio)*: Aquí puedes indicar el link donde algún invitado puede compartir todo tu espacio de trabajo.

Export content *(Exportar contenido):* Esta opción te permitirá exportar todo el contenido de tu cuenta de una vez. Obtendrás un link donde descargar un archivo comprimido con toda la información de tu cuenta.

Exportar Members *(Exportar miembros):* Opción que te permite exportar una lista con los miembros de tu equipo de trabajo, en caso de que tengas una cuenta empresarial.

Danger zone (Zona de peligro): Incluye la opción de *Borrar completamente* el contenido de tu espacio de trabajo (**Delete entire workspace**)

Miembros (Members): Aquí puedes indicar los miembros de tu equipo que compartirán tu espacio de trabajo. Se les puede también asignar el nivel de acceso que desees, puede ser solo como miembros o pueden actuar como administradores del espacio.

Upgrade: Aquí puedes ver los distintos planes que ofrece Notion. En este momento puedes escoger entre planes personales, como el *Personal* que actualmente es gratis, el *Personal Pro* con costo. También se encuentran los planes de negocios, con dos niveles, el de *Equipos* (Team) y el de *Empresa* (Enterprise), ambos con costo. Los detalles de precios y funcionalidades de cada plan, se muestran en esta sección.

Cobros (Billing): Si tienes un plan de pago, aquí puedes ver tus pagos pendientes y el historial de tus facturas.

Seguridad (Security & SAML): Esta sección permite utilizar opciones de seguridad para empresas. Les da la opción de evitar que los miembros hagan públicas páginas, que cambien las secciones del espacio de trabajo, pueden inactivar invitados y la opción de duplicar espacios de trabajo, así como desactivar la posibilidad de exportar el contenido de las páginas. La opción SAML , permite que un usuario ingrese a múltiples aplicaciones con la misma contraseña y usuario.

Modo Oscuro (Dark mode): Por último, al final, viene la opción de cambiar el tema de tu sistema para usar un fondo obscuro, que es muy útil si trabajas de noche o quieres evitar el resplandor en tus ojos. Puedes también usar la combinación **cmd/ctrl + shift + L** para activar/ desactivar esta opción desde el teclado.